L'INSTINT DE LA SEDUCCIÓ

Sebastià Serrano

L'INSTINT DE LA SEDUCCIÓ

ara
LLIBRES

Sisena edició: abril de 2005

ARA LLIBRES, S.L.
Corders 22-28
08911 Badalona
Tel. 93 389 94 70
arallibres@arallibres.com

Disseny de coberta: Neli Ferrer
Il·lustració de coberta: Christian Inaraja
Fotocomposició: Víctor Igual, S.L.

Impressió: Gramagraf sccl
Corders 22-28, 08911 Badalona

ISBN: 84-96201-32-5
DIPÒSIT LEGAL: B-3.479-2005

Maite, estimada,
després de trenta anys encara
conservo ben viu el record d’aquella
primera mirada que l’instint ens va posar als ulls.

Índex

LA RUTA DE LA VIDA:
DE LA COMUNICACIÓ A LA SEDUCCIÓ

Sense cap mena de dubte, la inversió més gran que ha fet mai la naturalesa en tota la seva llarga història ha estat en comunicació. I el punt crític que dispara el procés de la cotització de les habilitats comunicatives està del tot lligat a un fet ben especial que hauria de conduir la llarga marxa de la vida sencera a una de les grans bifurcacions i que hem de considerar com el veritable Big Bang de la comunicació: l'explosió del sexe. Tant és així que, a partir de l'emergència de la diferenciació sexual, tota una munió cada cop més estesa, heterogènia i complexa de signes ha poblat la Terra. Fins al punt que d'aquells microscòpics embolcalls dels tresors de la informació que eren les primeres formes de vida al nostre planeta hem passat a viure, a habitar, avui, en un autèntic cervell planetari a través de la continuïtat d'un viatge fascinant pels camins del temps del qual en comencem a entrellucar les claus del seu desenvolupament.

Amb la reproducció sexual com a estratègia, la natura hauria lligat la possibilitat de sobreviure, en els descendents, amb la necessitat d'establir contactes. Aquells éssers que contactarien millor deixarien més descendents, i així la competència comunicativa acabaria esdevenint un meravellós mecanisme de selecció natural; i, en aquesta línia, nosaltres seríem els darrers descendents d'una llarga cadena de comunicacions bones i eficaces. Flaires, colors, formes, sons, moviments i tactes ompliren ben aviat l'espai d'informacions bàsiques per a la continuïtat de la vida. Les estratègies de contacte exitoses esdevenen rituals d'aparellament que apaivaguen i entelen el principi de l'entropia creixent. Per això hem d'afirmar que la història de la interacció com a estratègia comunicativa fascinant té darrere tota una llarga sèrie d'estratègies ritualitzades que han marcat el camí a través de la llarga marxa de la biologia a la cultura: rituals d'aproximació, d'acoblament, de neteja, d'aprenentatge, de contar històries, de poesia, litúrgics, teatrals, algorítmics...

És així com els éssers humans hem desenvolupat complexos sistemes de comunicació fins a convertir, tal com afirmàvem, la Terra en un cervell planetari, en un espai de xarxes, on cadascun de nosaltres és una neurona. A través del desenvolupament evolutiu de la nostra espècie, del desenvolupament històric de la nostra cultura i del desenvolupament personal de cadascú de nosaltres, hem conformat tot un sistema de codis entorn del qual giren les nostres vides. Uns codis que ens permeten a l'hora d'aproximar-nos als altres i de mantenir la nostra pròpia independència i, per tant, ens fan socials sense fer-nos perdre la individualitat.

De tots els signes que omplen l'espai comunicatiu del nostre planeta, els únics que només són propis de la nostra espècie són els verbals. La facultat del llenguatge és humana i només humana, i el llenguatge verbal és un meravellós sistema que ens permet d'intercanviar i interpretar una bona quantitat d'informació amb una gran facilitat, de viatjar a través de l'espai i el temps de manera gairebé increïble, d'amagar, controlar i capgirar la informació, d'emmascarar-la i d'enganyar, de manipular-la i, per tant, de manipular, de crear mons possibles, reals o de ficció. A més a més, tal com fem i farem al llarg de la història contada en aquest llibre, ens permet de reflexionar sobre el mateix llenguatge i la comunicació en general. En aquest codi, el llenguatge verbal, hi ha el secret dels secrets, el Big Bang de grans universos que han transformat la manera de viure dels humans, universos com els mites i les religions, les pràctiques artístiques, la literatura i la música, la ciència i totes les noves tecnologies.

Ara bé, l'emergència del llenguatge no representà pas —de cap manera!— l'apaivagament i l'extinció d'altres formes de comunicació que no només haurien resistit, sinó que s'haurien enfortit com a estratègies comunicatives reeixides amb el pas del temps. De manera que els signes no verbals han acabat sent el coixí ideal que acompanya gairebé sempre la presència dels elements verbals. I és per això que un lleuger aixecament de celles, una minúscula capcinada, la inflexió de la veu, un ritme respiratori excessivament profund o superficial, una microexpressió facial, un tímid contacte físic amb una altra persona, un subtil moviment de llavis, un eixamplament de la nineta dels ulls, un toquet de foc a la galta, un bes, un somriure o un sospir ofereixen el plus d'informació necessari per acabar de fer exitós l'acte comunicatiu.

Els components verbal i no verbal de la comunicació reparteixen els seus papers de manera que el verbal transporta —bàsicament— la informació sobre el món, sobre la realitat exterior, mentre que la informació continguda en els signes no verbals tendeix a reflectir el nostre estat emocional, les nostres actituds davant dels altres, els trets característics de la nostra personalitat com també els mecanismes reguladors de la nostra interacció amb els altres. Tan important i compromesa és la seva funció, que la naturalesa —que és sàvia— ben sovint fa circular la informació no verbal per sota del llindar de la consciència. És ben veritat que fins fa quatre dies aquest vessant no verbal de la comunicació ha rebut molt poca consideració per part dels estudiosos, fins al punt de poder ser tractat com la cara amagada de la comunicació. De fet, no ha començat a sortir de l'armari fins ben avançat el segle xx, i si és que n'ha sortit del tot, ho ha fet cap a les darreries de segle.

Cal dir que tot el pensament occidental troba el seu fonament en el domini de la raó i del llenguatge sobre el cos i el món humà no verbal. En certa manera, la nostra filosofia ha estat una filosofia del desequilibri, de la jerarquia i del domini o, si ho preferim així, de les carències i de les amputacions per haver deixat fora una bona part de les nostres fonts de coneixement i de conducta; des de Plató i Aristòtil fins a Derrida o Lyotard passant per sant Agustí, Descartes, Kant, Frege, Russell o Wittgenstein. En la mateixa ona emetia l'Església en jerarquitzar les categories i lligar l'ànima a la immortalitat mentre condemnava el cos a la degradació i la mort. El segle XX, en gran part gràcies al desplegament de les noves tecnologies generadores d'universos audiovisuals com el cinema, la televisió o la publicitat, va poder veure la irrupció, l'emergència, dels cossos i del món no verbal en general en la majoria dels àmbits del coneixement.

Som ben conscients que en parlar de l'espai comunicatiu no verbal hem de fer referència a la complexitat i l'heterogeneïtat: la percepció dels signes afecta sentits ben diferents, els canals de transmissió són de naturalesa ben diversa i, fins i tot, les zones del cervell activades en el seu ús corresponen a àrees i funcions molt diferenciades. Certament, entre una aroma, una mirada, un contacte físic i un sospir no sabríem pas si dir que hi ha diferències o que hi ha un abisme. Tot amb tot, tanquem aquest punt amb una afirmació ben contundent: les noves tecnologies de l'audiovisual han contribuït d'una manera decisiva a fer emergir els cossos i el món no verbal com a objectes informatius de primer ordre fins al punt de situar aquesta emergència qui sap si com el fet sociològic més important dels nous discursos de la modernitat.

Al mateix temps, i fins fa ben poc, els estudis sobre el llenguatge, la comunicació, l'art, la literatura, la música i la cultura en general prenien un caire historicista o, fins i tot, estructuralista, amb l'ús d'uns marcs teòrics que havien de deixar de banda les grans preguntes sobre la seva gènesi i sobre el sentit de la seva existència. Val a dir, però, que els models permetien una bona primera aproximació i eren la base del que enteníem per *ciències socials o de la cultura*, desvinculades del tot de les anomenades *ciències naturals*. I vet aquí com les darreries del segle XX van descobrir els papers de la ment en els escenaris de la ciència cognitiva, el protagonisme del cervell en l'univers de la neurociència, el desplegament espectacular de tots els jocs de la genètica i una represa del discurs sobre l'evolució en forma de psicologia evolucionista, i així començàvem a estar en condicions de fonamentar l'estudi dels productes o propietats de la ment com el llenguatge, la memòria, el festeig, l'art de contar històries, la música, el sentit de l'humor o la creativitat. Ens decantem per plantejar els nostres problemes amb relació a tots aquests temes des d'una perspectiva cognitiva, neuronal i evolucionista.

Algun cop he dit als meus alumnes, potser per donar un toquet de sorpresa en un moment dolç de l'explicació del fonament dels rituals d'interacció comunicativa, que quan decideixen sortir, a la nit, per exemple, per trobar-se amb amics i amigues, en realitat el que els mou, el que els empeny, en el fons del fons, és la recerca, als nois, d'una mare per als seus fills i, a les noies, està ben clar, d'un bon pare. En el fons, la realitat de la trobada o del retrobament és tal com l'hem descrit, i nois i noies participaran en el joc mare de tots els jocs, el de la seducció. Des que hi ha sexe —fa uns mil milions d'anys—, els éssers que en posseeixen, mascles i femelles, han fet mans i mànigues per fer-se els trobadissos. I no només per contactar, sinó, i és el més important, per ser triat o triada, per ser preferit o preferida d'aquell o aquella que prefereix per guanyar, al cap i a la fi, en el delicat joc de les preferències. No val contactar així sense més, no n'hi ha prou, sinó que, a més a més, cal ser objecte de preferència i per això caldrà desenvolupar les estratègies adequades.

El procés de selecció sexual és també la mare de tots els processos de selecció, i per això els éssers sexuals, ja sigui una papallona, un ratolí o una estudiant de telecomunicacions, segueixen uns rituals d'aparellament que han estat dissenyats en els increïbles laboratoris de la naturalesa. Si la seducció resulta ser la mare de tots els processos, una bona part de l'arquitectura cerebral, des de la papallona fins a nosaltres, tindrà molt a veure amb el disseny i la implementació dels programes de seducció. I si prenem l'instint en el sentit més darwinià del terme, crec que a cap concepte li escau més d'aplicar que al de la seducció en el sentit de facilitador d'esdevenir preferit, escollit, en l'acte de selecció per excel·lència, el de company o companya per a la interacció sexual. Si la selecció sexual va ser la primera i la seducció ens la facilita, la seducció haurà mogut el món i haurà esdevingut la força més creativa de l'evolució. És ben natural pensar que cada criatura quan arriba al món ho fa proveïda d'un bon programa per seduir.

Tant és així, que no només els nostres nois i noies van al bar, a la biblioteca o a una sala de ball sovint impulsats, per sota del llindar de la consciència, per l'instint de seduir, sinó que, fins i tot, les nostres ments seleccionades sexualment, a través de processos de seducció, forjades per anys d'ensinistrament, motivades per sofisticats i subtils jocs d'estatus i amb la memòria social que permet la informació acumulada a través de generacions, han estat capaces de produir objectes tan meravellosos con l'arquitectura egípcia, la filosofia grega, la força simbòlica de les religions, la saviesa de les medicines tradicionals, un marc teòric com el de la biologia evolucionista o la mecànica quàntica, el cinema o la matemàtica subjacent als fascinants jocs de la informàtica. Aquests productes, gairebé increïbles, del tot imprevisibles un miler de generacions enrere, no els hem de veure només com el resultat de l'acció de grans cervells capaços d'acumular la informació necessària i suficient, sinó també de posseir ments plenes d'adaptacions a l'activitat de seduir que foren redirigides i reconfigurades de cara a introduir i treballar noves idees fins i tot quan realitzaven tasques no relacionades directament amb l'activitat de seduir.

Se'ns pot fer difícil de decantar el pes de l'argumentació a favor de relacionar el desplegament de l'instint de seducció amb el desenvolupament de capacitats úniques com l'art, la literatura, la música, la tecnologia o la ciència, i tot un munt de dubtes poden entorpir la nostra reflexió a l'hora d'examinar aquestes competències en el marc de l'evolució. Ara bé, no hem de dubtar que els nostres ancestres van espavilar de valent, van avivar de debò l'enteniment i l'enginy en la gestió de les seves habilitats comunicatives per seduir companys sexuals, i, al cap i a la fi, per sobreviure en la descendència que deixarien. També hem de pensar que aquells protohumans que no van saber exhibir-se prou bé, fer-se veure com a interessants, no van aconseguir ser objecte de preferència, no van esdevinguer pas els nostres ancestres i així els més remarcables dels aspectes de les nostres ments van evolucionar, fins a nosaltres, a través del procés de selecció sexual dels nostres avantpassats. I, en aquest sentit, no hauríem de tenir por d'afirmar que les habilitats més impressionants de la ment humana les podríem veure com una mena de funcions biològiques redirigides a partir del desplegament de les habilitats comunicatives impulsades per l'instint de la seducció i, moltes vegades, com a vertaders efectes no buscats directament, com a efectes col·laterals. Naturalment, hem d'entendre que el fenomen és molt complex i que, a més de cares boniques, cossos fèrtils i alts estatus, hi ha molta més teca a l'hora d'estudiar l'evolució de les preferències sexuals per relacionar-les amb productes com ara l'art, la literatura, el cinema o la ciència.

Si seguim el fil del nostre relat, de la nostra història, he de manifestar que farem petites estades en indrets i raconets amb paisatges intel·lectualment fascinants del llarg camí de l'evolució, sobretot de les darreries, que ja condueixen a la nostra espècie i, encara més, a l'estadi actual de la naturalesa humana. La raconada de la configuració dels cossos atractius de l'home i de la dona sempre m'ha semblat molt especial, ja que els cossos tenen molt a veure amb la comunicació i la seducció. També el racó de l'emergència d'aquests refinaments emotius que anomenem *amor*, i tot el disseny cerebral que empeny a l'enamorament és molt especial. I no hem de dubtar de l'interès pels punts del camí relacionats amb el desplegament de les activitats creatives, l'esclat del llenguatge o de les primeres formes d'art, i encara ens hem d'aturar i seure i fer estada en els paisatges que ens dibuixin les diferents formes d'intel·ligència i la seva relació amb la creativitat. I en tots els llocs trobarem signes que ens han de dur a pensar en com l'activitat comunicativa adquireix un espectre tan ampli que en molts dels seus espais, segons com, ja resulta ben difícil de veure-hi l'empremta dels nostres instints més bàsics.

Creiem que tot plegat legitima ben bé la nostra proposta de la presència, en la nostra arquitectura mental, d'un veritable instint de seducció que, entre d'altres coses, ens hauria de permetre aproximar-nos a la interacció comunicativa entre homes i dones. Una bona part de la nostra vida diària la dediquem a l'activitat comunicativa amb altres éssers humans, ja sigui a casa, a la feina, al carrer o en l'esbarjo. Els lliurem missatges mentre nosaltres ens afanyem a esbrinar i escatir què ens volen dir amb els seus. La comunicació és una activitat tan comuna, aparentment tan trivial, que tots i totes tendim a donar-la per suposada. Això no vol dir pas que no sigui el resultat del comportament més complex que uns i altres exhibim en la nostra vida. Avui, sentim a dir tothora que no hi ha comunicació entre les persones, entre els membres d'una parella, entre generacions o entre joves. No cal reflexionar gaire per veure que això no és cert. De comunicació n'hi ha, encara que sovint ens veiem abocats a seguir estratègies comunicatives ben diverses, a maneres diferents de viure les situacions comunicatives que, al cap i a la fi, poden conduir a malentesos i a viure la realitat comunicativa d'una manera problemàtica.

A més a més, en afirmar que no hi ha comunicació, només volem dir que els interactuants parlen poc o gairebé no parlen. I tots sabem quantes vegades, amb una altra persona, ens hem dit tot un munt de coses sense pronunciar ni un sol mot. Això sí, tal com veurem al llarg del nostre relat, la comunicació és plena de paranys i, de la mateixa manera que pot servir per bastir una bona relació, també forneix les causes del seu enderroc. Ben segur que alguna lectora d'aquest llibre es pot haver preguntat, més d'una vegada, per què la comunicació que té amb la seva millor amiga l'ha aconseguit en molt poques ocasions amb la seva parella. D'això se'n lamenta després d'un trencament resultat d'un procés problemàtic. ¿Per què es trenquen tantes relacions? Aquella parella que havíem conegut plena d'entusiasme, que semblava viure en l'univers de l'engrescament, ara la sabem enfonsada en una mar d'indiferència on ja no és que no hi hagi alegria, sinó que només hi ha descontentament, malentesos i frustracions. Abans, mentre teixien la relació, els vents anaven a favor, estaven d'acord en tot i feia goig i una mica d'enveja de veure'ls plegats, mentre que ara, amb la relació ja només mig apuntalada, no s'entenen en gairebé res i hom procura d'estalviar-se la seva presència conjunta.

Avui són moltes les relacions, en els diferents espais comunicatius, familiars, laborals, d'associació..., que s'esfilagarsen i, tal com vaig assenyalar a *El regal de la comunicació*,[1] una de les causes fonamentals resulta ser la dificultat amb què vivim la gestió de tanta informació que ens envolta i estimula i que condiciona la nostra activitat emotiva fins al punt d'afectar, i molt, l'estat de la nostra ment i la nostra competència a l'hora de prendre deci-

1. *El regal de la comunicació*. Barcelona: Ara Llibres, 2003.

sions per participar en el joc de la comunicació. Fixem-nos en com, en molts moments, tots i totes tenim por de la comunicació íntima i, com a estudiós d'aquest fascinant món de l'intercanvi de missatges, confesso que cap por és més justificable que aquesta, i si no que ho preguntin a tanta gent que observa com en voler resoldre un problema mitjançant la comunicació —sincera— aquest encara se li va fent més gros, i el control se li escapa de les mans.

A mesura que incrementa la seva comunicació verbal —sovint, unilateralment, per part de la dona, amb el desig d'arranjar les coses—, també comencen a créixer les queixes, les discussions, les justificacions, els malentesos, els maldecaps i les frustracions. Saben que tenen mala peça al teler i que el teixit de la seva relació s'està esfilagarsant per moments. Hem de reconèixer que les nostres habilitats són limitades per poder gestionar bé el marc d'un fenomen tan complex com és el de la comunicació en les relacions més estretes que són, al mateix temps, les més inflexibles i, per tant, les més propícies a ser ofegades pels malentesos, que sorgeixen com a bolets en aquest tipus de relació, i les que forneixen oportunitats constants per a interpretacions incorrectes dels missatges que circulen. Només hem d'afegir la sensació d'impotència davant de tant de temps perdut en cabòries sense gaire sentit, quanta energia mental malmesa i quanta emoció negativa tenyint l'estat d'ànim i afectant la salut mental i corporal de tantes persones! Resulta ser una de les manifestacions més clares de l'entropia creixent.

Aquí no espereu pas de trobar-hi una sistemàtica dels entrebancs a les relacions ni tampoc un tractat sobre els diferents tipus de relacions humanes, de com les fem i de com les desfem i de com ens ho podem fer per mantenir-les. Només pretenem de reflexionar sobre les habilitats comunicatives que les fan possibles i sobre el paper de l'encert i el desencert en la comunicació. Ja ens hem manifestat sobre com n'és de positiu fer una bona inversió en el coneixement dels secrets de la nostra activitat comunicativa. Ens ajudarà a mantenir en un bon estat —i qui sap si millorar!— les relacions a casa o a l'empresa i serà com oli en un llum de cara al nostre propi estat d'ànim. El primer que trobareu en aquest viatge que farem junts serà el desplegament del fenomen de la seducció, que posa la comunicació al seu lloc i li treu aquesta mena d'aura de neutralitat i de puresa que, tal com ha passat amb el tractament del llenguatge, sembla com si des de les primeres recerques els estudiosos li haguem volgut atribuir. Ens comuniquem, però ens comuniquem amb uns objectius i, per tant, l'activitat comunicativa és plena d'estratègies i tàctiques per assolir els objectius, des de com una criatura vol que li facin cas, o un jove, noi o noia, vol impressionar els altres, o un partit en el govern, des dels mitjans públics, amaga, capgira o manipula la informació per aconseguir mantenir-se en el poder. La circulació de la informació fa que a la vida i a la societat n'hi hagi ben poca, de neutralitat.

Des del marc que ens ofereix la reflexió sobre l'instint de la seducció, ens entretindrem també a tractar un tema tan vital per a les nostres relacions com el de la comunicació entre homes i dones. Aprofundir en els mecanismes subjacents de la nostra comunicació pot afavorir i molt el manteniment d'allò que funciona bé i el redreçament de situacions un pèl malmeses pel corcó dels malentesos. Un malentès és una mena de procés actiu originat quan una persona desenvolupa una imatge distorsionada de l'altra. Darrere de qualsevol signe hi pot haver un malentès. Un silenci, per exemple, pot dur a pensar a una persona que l'altra està enfadada, i d'aquí a tot un cabdell de fil de negativitat només hi ha unes passes. I els malentesos es poden intensificar fins a un punt sense retorn, fins a fer irreversible el procés de deteriorament de la relació. Són el resultat d'interpretacions incorrectes basades en prejudicis sense suport real.

Val a dir que una parella, una família, un departament o un grup de treball poden superar perfectament l'efecte d'aquestes males herbes que han crescut en el si d'una relació com a resultat de comunicacions desafortunades basades en interpretacions prejudicials. De fet, els prejudicis són sempre falses premisses que introduïm en el càlcul del nostre raonament i que ens distorsionen sempre les conclusions o els resultats. Des d'un punt de vista teòric, hem de dir que un cop bastida una organització, sigui una família o una empresa, l'entropia, en forma de sorolls i de desordre, de neguits, pors i prejudicis, comença a fer de les seves i a la contra. I a mesura que creix la informació que cal gestionar, les escletxes comencen a sortir pertot arreu i en aquell teixit que semblava perfecte ja hi veiem signes d'esfilagarsament. La natura imposa la seva llei. Tanmateix, tenim a mà recursos de manteniment, i no només això, sinó que si ens espavilem i avivem l'enginy, fent un bon ús de la realimentació, serem capaços d'aconseguir apaivagar fins a neutralitzar els efectes de les escletxes i dels sorolls i podrem tornar a tocar amb els dits la felicitat des de casa, la feina o els espais del lleure.

Em faria goig d'oferir-vos un munt de receptes per viure més plenament la vostra vida, per viure amb encert, èxit i felicitat en el vostre sistema de relacions. El que sí us puc oferir és d'acompanyar-vos pel fascinant senderó dels petits secrets de la comunicació —que són el gran secret de la vida—, on descobrireu tota una munió d'habilitats amagades, un senderó que qui sap si no veurem transformat en un univers apassionant ple de gestos, mirades, espais, tactes i contactes, aromes que ens obriran el cor, i de mots, aquestes petites gotetes que han omplert la Terra de matisos de significat i de sentiment, que han multiplicat els espais de la vida mateixa i tan sovint fan el paper d'autèntics forats negres. Voldria que aquest relat fos una mena de guia per viatjar a través d'aquest univers, una guia, amb les seves rutes, on reconegueu les línies i les forces de la raó, on hi hagi un color especial per a les sensacions i un altre per a les emocions i que us permeti, de tant en tant, de tancar els ulls i fer volar la vostra imaginació creadora fins a descobrir —encara que sigui de manera voluptuosa— els secrets del luxuriós caos del nostre món.

COSSOS PER SEDUIR

Un dels temes estrella de la reflexió científica dels darrers anys ha estat, i és, el de la construcció de la ment com a propietat emergent de l'activitat cerebral i del paper fet per la comunicació i el llenguatge en aquest procés tan fascinant. Si ens situéssim en el llindar dels cinc milions d'anys enrere, els nostres avantpassats directes no serien pas gaire diferents dels actuals ximpanzés, tant pel que fa a les habilitats comunicatives com pel que fa a l'organització social. I, aleshores, els nostres avantpassats i les nostres avantpassades van iniciar un recorregut de naturalesa irreversible consistent en canvis biològics correlacionats amb canvis en l'activitat cognitiva i en el comportament mitjançant el fenomen de retroalimentació més fantàstic que podem imaginar fins a arribar a nosaltres, la nostra espècie actual, com a punt i final.

D'aquest recorregut, en diem procés d'hominització i per resseguir-lo, i reconstruir-lo, molt sovint anem ben bé a les palpentes, tant per les poques traces que en tenim, sobretot de la primera meitat, com per la dificultat d'interpretar-les. Nosaltres, ara i aquí, volem fer veure que l'instint de la seducció té, en tot el procés, un paper clau.

El punt de partida d'aquest procés, com a resultat de canvis substancials en els ecosistemes que emmarcaven la vida dels nostres ancestres, fou el bipedisme, el caminar drets, sobre els dos peus. De la vida primat, més o menys falaguera, configurada a partir de les abundors de la boscúria en fullam i en fruita, foren abocats, en uns quants milers de generacions, a les incerteses de la sabana, on per guanyar-se la vida caldria esprémer l'enginy i fer bones invencions en les relacions socials i, molt especialment, en l'aparellament. En caminar drets, aquells primats avantpassats nostres van iniciar els canvis biològics que, a través de l'hominització biològica i la humanització cognitiva i cultural, haurien de conduir a l'única espècie homínida existent des de fa uns trenta mil anys, la nostra. Reflexionem ara una mica sobre aquests canvis biològics i sobre les possibles conseqüències de cara a configurar el procés d'humanització, en el qual hi tindrà un paper decisiu la seducció, desenvolupant les competències comunicatives cap al llenguatge i després l'art, el contar històries, la música, el sentit de l'humor i la creativitat.

Del primer terç del recorregut per aquests cinc milions llargs d'anys d'espècies d'homínids, no en sabem gaires coses. Només la certesa de caminar sobre un parell de peus i alguns indicis de canvis en la configuració mandibular —respecte del ximpanzé—, en el sentit d'una migrada reducció dels ullals, de les canines, cosa que podrà fer pensar que els canvis en l'ecologia també tenien el seu efecte en alguns canvis en la dieta dels primerencs Australopithecus. Tot amb tot, no estem pas en condicions d'afirmar res en relació amb canvis en la seva organització social o en les seves formes de comunicació. Ara bé, de l'entorn dels tres milions d'anys, ja tenim tota una munió de signes que ens permeten confirmar una bona adaptació d'aquells homínids a la sabana. Del que sí que estem ben segurs és del continuat procés de reducció de les dents canines, tot i ser una adaptació poc habitual en els primats. La majoria de grans primats tenen grans ullals d'ús ben polivalent, ja que tant serveixen per amenaçar com per lluitar amb competidors o per defensar-se de predadors. Vet aquí com aquests ullals tant són espasa com escut i, en canvi, una bona part del camí de l'hominització resulta ser un procés de reducció d'aquests elements tan emblemàtics dels grans primats. L'explicació del perquè seria llarga i complexa, si bé alguns detalls són del tot pertinents en el nostre discurs.

Qui sap si aquesta reducció no podria estar relacionada amb una altra reducció indicativa de canvis en la vida social del grup, la reducció de la competició i de la lluita entre mascles per l'accés a les femelles. Més versemblant sembla l'ús cada cop més polivalent d'unes mans que han de tenir un paper clau en tot el procés d'hominització i fins i tot d'uns punys o qui sap si d'unes primerenques armes de fusta i, per què no, un ús cada cop més sovintejat d'acords i de pactes, cosa que ja exigirà la presència d'alguna mena de comunicació simbòlica. De ben segur que tot plegat es realimentava i, d'una banda, canvis en la dieta, i de l'altra algunes alteracions en el sistema de fer relacions, conduirien a unes dents cada cop més robustes, esmaltades i preparades per triturar i que reflectirien una adaptació per mastegar fibres o menjars caracteritzats per un cert grau de duresa que requerien una bona preparació masticatòria abans de poder ser digerits. Val a dir que grans ullals i dents mastegadores es contradiuen, ja que plegades confereixen poca mobilitat a les barres. En canvi, les mastegadores i trituradores potencien la mobilitat mandibular, i això, a la llarga, afavorirà la configuració de les cares per facilitar una expressivitat que ajudarà a desplegar diferents formes de comunicació, primer no verbal i després verbal.

Fixem-nos en com unes mans cada cop més lliures i més polivalents i una boca que guanya en mobilitat alhora que ajuda a reconfigurar la cara són elements necessaris —no sabem si són suficients— per començar a fer emergir del tot la comunicació cap al component simbòlic. Afegim-hi els indicis —només indicis— de migrats increments de massa encefàlica i de reconfiguració dels cervells i encara la regressió del pèl, relacionada amb la instal·lació d'aquest sistema de refrigeració que anomenem aparell de sudoració i que deixa una pell més tocadora i un cos més expressiu. Tot plegat sembla a punt per iniciar el gran canvi, la gran transició cap a les eines de pedra, sistemes complexos de comunicació, reconfiguració del sistema social... I en aquest procés em fa l'efecte que, com en tants altres durant la llarga marxa de l'evolució, hi va tenir un paper del tot decisiu l'instint de seducció.

Hi ha un altre canvi, aquest en la fisiologia de les femelles, que es donarà en aquell moment de trànsit cap a la configuració de les habilitats comunicatives humanes, que consistí en la desaparició dels períodes de zel, i amb ells tots els signes externs de l'ovulació que restarà amagada per sempre més establint una frontera que separarà aquelles femelles, i les seves descendents, de totes les femelles mamífers, que feien de l'ostentació dels signes de fertilitat un signe d'identitat. De més a més, les femelles, al mateix temps, començaran a veure la persistència continuada, durant una bona part de la seva vida, dels pits carnosos i pendolants amb total independència dels períodes d'alletament. Aquests importants canvis en la configuració del cos pensem que anirien correlacionats amb uns altres de natura bioquímica en el rerefons de la comunicació interna del cos que potenciarien, mitjançant realimentacions fascinants, un desplegament emotiu que considerem del tot relacionat amb canvis en l'ordre social que demanaven sistemes de comunicació cada cop més sofisticats. L'instint de la seducció funcionava a tot drap.

Em fa l'efecte que aquests canvis en la morfologia de les femelles trasbalsarà, i de quina manera, els sistemes de comunicació entre mascles i femelles. De tant en tant, m'imagino l'astorament i la desorientació dels mascles que es veurien abocats a modificar el temps dels rituals d'aproximació i els indrets corporals en focalitzar les percepcions que haurien de disparar el foc dels seus desitjos. No hi havia res a ensumar ni cap indici com a atractiu de la mirada. La receptivitat sexual continuada i l'evolució oculta donen a les nostres femelles ancestres una oportunitat sense precedents de provar els mascles com a parelles sexuals sense córrer un risc tan alt d'embaràs qui sap si ja no desitjat. En aquells moments, i fins al pleistocè ben instal·lat, s'acabarien de dissenyar aquests, per a nosaltres, meravellosos cossos de les dones i els homes. I la meva hipòtesi seria que d'aquest disseny en sorgirien també els nous cervells preparats per al llenguatge, el sentit de l'humor, l'art de contar històries, la música, el treball més refinat de la pedra i una estètica dels cossos, els vestits i els objectes.

Una de les primeres proves d'aquesta hipòtesi la podríem tenir en l'emergència dels pits prominents en les femelles homínides. De fet, les dones són les úniques femelles amb aquesta característica i val a dir que en les altres femelles mamífers, i, per tant, en les primats, aquesta prominència —i molt més migrada— es dóna només en el temps d'alletament i, així, després d'acomplir aquest període apaivaguen la seva ufanor fins a fer plana la part del cos on són ubicades. El que ningú no diria és que les femelles homínides decidiren afegir-les com a apèndix a la seva morfologia amb la funció d'optimitzar la producció de llet o, més en general, per afavorir l'alletament. Si avui encara tenen tanta importància que en el món de la publicitat, per exemple, es considera el pit de la dona com el primer punt del seu cos —un delicat punt d'acumulació— on l'home fixa la seva atenció, els avantatges en l'alletament —si hi eren— passarien a tenir una funció molt secundària. Deuen haver emergit per alguna altra cosa, i molt important, i nosaltres pensem que la selecció sexual a través de l'instint de la seducció hi tindria el seu paper. Però, ¿quin i com?

Amb l'enfosquiment de l'ovulació, qui sap si els pits de les femelles no haurien envolucionat com a signes de maduresa sexual en gran part per omplir l'espai comunicatiu desocupat per la desaparició dels signes del zel. I així s'engrandirien en arribar a la pubertat, un bon temps abans del que exigia la gramàtica de la vida mamífera amb relació a l'alletament dels fills. Hi ha motius per pensar que l'adaptació completa al bipedisme hauria afavorit un canvi com aquest, ja que permetria als mascles de focalitzar molt fàcilment en els pits els signes de la maduresa sexual de les femelles. Cal dir que en aquest àmbit de la comunicació hi hauria forts incentius en deixar les coses ben clares tant d'una banda com de l'altra. Els mascles estaven massa interessats a diferenciar ben bé entre les femelles fèrtils i les que encara no ho eren o ja no ho eren, i les femelles fèrtils es delien per anunciar el seu estat mentre que les nenes no voldrien pas publicitar cap signe de res que no fos la seva infantesa.

No sé pas si n'hi hauria prou amb aquesta confluència d'interessos, amb mascles molt incentivats per detectar la fertilitat i femelles fèrtils engrescades a publicitar-la, per fer emergir uns signes tan prominents. De fet, si hi havia tants incentius, uns signes no tan considerables ja haurien estat suficients. Val a dir que la majoria dels mascles d'altres espècies, de problemes en tenen ben pocs a l'hora de detectar la maduresa sexual de les femelles per molt subtils que siguin els signes de la seva evidència. Així, tota la ufanor d'uns pits plens, vius, alegres i desinvolts sembla que hauria de tenir un rerefons evolutiu que aniria molt més enllà de la pura marca de fertilitat. De ben segur que darrere hi hauria la preferència dels mascles i que aquesta preferència per la dimensió i la vivesa —signes, és ben clar, de joventut i de salut i, per tant, de fertilitat— s'escamparia a través de les generacions. De bon principi, per tant, l'engrandiment del pit d'algunes femelles començaria a produir bones vibracions a determinats mascles homínids que les escollirien com a parelles i que tindrien filles amb pits plens i fills amb gust per aquest tipus de pits.

L'adaptació total a caminar drets tindria força conseqüències en la percepció dels cossos entre mascles i femelles i modificaria tant la focalització en determinats indicadors com els rituals d'aproximació. Primer, les mans eren cada vegada més destres, més agafadores i més creatives en l'art de tocar. Després, l'estar dret mostrava la majoria de les evidències dels cossos, de dalt a baix i a l'inrevés. A més a més, comporta profundes reconfiguracions de la morfologia, de la sintaxi, de la semàntica i de la pragmàtica dels cossos. Així, per exemple, el caminar dret va deixar les natges dels nostres ancestres en una altra posició de la que havien tingut sempre els primats, que tenien anques petites, peludes, planes i de pell dura sobre les quals seien. Una vegada els nostres ancestres van començar a caminar drets, les cames i les anques i diferents parts del cos s'anaven redissenyant. Ossos i músculs evolucionaven no només per plantar els individus, sinó per realitzar la meravella d'impulsar els cossos cap endavant i arribar a excel·lir en l'art de caminar i de córrer d'una manera tan gràcil i elegant com feien els mascles i les femelles del començament del pleistocè.

Alguns d'aquests músculs, per exemple, són els que donen a les natges la seva forma arrodonida i, encara més, les femelles aprofiten aquesta nova morfologia per encabir-hi moderats dipòsits de greix, sobretot a les natges, els malucs i les cuixes per tal de preparar el cos per a la tasca reproductiva. Com en el cas dels pits, també focalitzarien l'atenció dels mascles una mica més que com a indicadors de joventut, salut i fertilitat. És cert que evolucionaven com a indicadors fiables de joventut, salut, fertilitat i adequada reserva de greix, i només cal veure com qui passava fam o una dona malaltissa no podia mantenir pits plens ni natges arrodonides. Aquests cossos necessiten cremar les seves reserves de greix per estar vius i no per mantenir-se prominents per veure si atreuen una parella. Malauradament, avui sabem de l'extensió de l'anorèxia entre les nostres joves, que en molts casos veuen no només perdre la carn dels seus pits, cuixes o malucs, sinó, fins i tot, apagar la seva fertilitat. Ho veiem també en corredores de llarga distància, gimnastes o ballarines que, sense arribar del tot a l'anorèxia, per facilitar la seva activitat perden la major part del greix i tendeixen a tenir pits i natges més migrats i sovint també poden parar de menstruar i ovular.

Al llarg d'aquest camí fascinant de la construcció dels cossos homínids i humans que hem anat resseguint, ens hem pogut adonar de com, a part d'una adaptació a l'entorn, hi ha tot un complex joc de preferències que pressiona, i molt, les lògiques dels aparellaments. Una bona part dels trets característics dels nostres cossos, natges, pits, penis, barbes, llavis molsuts o pèl al cap, per exemple, són uns bons indicis d'una seducció soterrada que arrela en les preferències sexuals que, a la vegada, mitjançant aquests fantàstics processos de retroalimentació, contribueixen a obrir nous camins a l'evolució i dissenyar noves estratègies.

En el cas dels mascles, per exemple, el penis homínid també passa pel sedàs d'un redisseny respecte del dels mamífers i primats, que tenien la base del funcionament de la seva erecció en els sistemes muscular i ossi i donaven com a resultat una forma de penis bastó. El penis humà, en canvi, troba el principi del seu funcionament en la sang i la seva erecció l'hem de relacionar amb un sistema de vasocompressió de la sang, que els pot fer més grans, més gruixuts i més flexibles i amb una mena de línia aerodinàmica que afavoreix el moviment dins del cos de la dona.

El fet que sigui la circulació de la sang la causa de la seva erecció, més que no pas el múscul i l'os com en altres primats, el fa guanyar en flexibilitat i el fa molt agradable al tacte, alhora que li permet més marge de posicions i multiplica les seves possibilitats copulatòries. Llibres meravellosos com el *Kamasutra* ofereixen tota una sèrie de posicions, estratègies, tàctiques i protocols per aprofitar la creativitat de les formes biològiques masculines i femenines dissenyades per la naturalesa per seduir i donar plaer als participants de la seducció mútua. Tal com hem vist en parlar de formes femenines en què els mascles focalitzaven l'espai dels seus desitjos, el penis humà qui sap si no hauria aconseguit la seva forma a través d'un procés de selecció que hauria guanyat com a bon estimulador tàctil covat a través de les llargues escenes de festeig copulatori.

Probablement, les femelles homínides no tindrien cap preferència ni per les dimensions ni pel disseny, però sí que demanaven gust, plaer, en uns actes que cada vegada tindrien més de mental que de físic, en què ja començaven a jugar fort les relacions i elles començaven a posar l'horitzó d'aquestes relacions en el llarg termini. Uns i altres començaven a teixir el deler pels lligams i ells i elles fixaven en el cervell els signes de les seves preferències. Elles cada cop anirien preferint mascles amb penis més juganers, més agafadors, més engrescadors, i més ben disposats per oferir plaer. En aquest sentit, no fóra gaire agosarat d'afirmar que serien els desitjos dels homes que ajudarien a redissenyar el cos de les dones i els desitjos de les dones que empenyerien la reconfiguració del cos dels homes, i en el rerefons no és gens estrany l'instint de la seducció que treballa de sotamà tot governant les regles del sistema de preferències.

A mi m'agrada de parlar de realimentació constant en l'espai de l'evolució i per això, fins i tot, ens pot fer una certa gràcia contemplar des de lluny aquest sexe masculí que sovint se'ns ha presentat com a símbol de dominància i del que a l'hora de cercar l'origen de la seva forma i les seves dimensions se'l contemplava com una mena d'objecte teledirigit per expressar el poder, resulta que, al cap i a la fi, haurien estat les nostres entranyables femelles ancestrals que l'haurien fet evolucionar simplement perquè els agradava. Vet aquí que la seva funció més que manifestació i símbol del poder hauria de ser la d'una força generadora de lligams.

La copulació és un punt d'arribada amb toquets de màgia, punt d'acumulació de dèries, desitjos i neguits, origen de tots els rituals i totes les estratègies de comunicació interna i externa del món animal, i porta genètica fascinant que permet de passar d'una generació a la següent, cosa que l'encimbella fins al setè cel tant des del punt de vista evolutiu com físic i psicològic. I no és gens estrany que en aquest llindar, atractiu de totes les metàfores en totes les llengües del món, la natura hi desplegués la seva excel·lència amb el bo i millor de les delicadeses possibles fins a programar els moments de plaer físic més gran que el cervell homínid seria capaç de generar.

En aquest camí cap a l'hominització, ens hem entretingut una mica en alguns amagatalls que ens han atret de manera especial, però, ara, reprenent el fil del nostre relat, recordem que el caminar bípede alliberà les mans del terra i les pujà fins al cel i les omplí de noves funcions alhora que desplegava més les velles. És possible que des d'un punt de vista humà tot comencés amb les mans lliures al bell mig del cos i amb un cervell encarregat d'anar furgant per tocar amb la vareta de la creativitat les possibilitats il·limitades d'aquestes mans. Aquestes mans amanolladores, enganxadores, que arrapen, enxampen i subjecten, que arrepleguen i aferren, amanyaguen i acaronen, que acaricien, uneixen i separen. Tota una munió de sensacions transmeses a través del tocar amb les mans i altres contactes del cos de seguida comuniquen els estats interns de l'individu i de si hi ha interès sexual, amistós o bé hostil. Mans capaces d'omplir de tendresa i de bones sensacions l'immens oceà de la pell d'una altra persona. Mans capaces de transformar la pedra en eina i de desplegar el mapa més complet de les formes de creativitat.

És clar que ens resta per remarcar la importància del cap i la cara en l'espai dels jocs de la seducció corporal. El camí de l'evolució ha dut a reunir els òrgans dels sentits, ulls, orelles, nas, boca i llengua en una zona propera al cervell que anomenem *cara* i a dotar aquesta cara dels coeficients més alts d'atenció i, per tant, també, els més alts en l'escala dels possibles atractius físics. De fet, la cara sembla dissenyada per focalitzar l'atenció dels interlocutors, ja que cap altra part del cos reuneix tanta densitat informativa i això calia primar-ho, ja que podria esdevenir un bon indicador dels trets definitoris d'un individu, de la seva edat, del seu estat emocional, de les seves actituds, de la seva personalitat, de l'estat general del seu cos i de la seva salut.

Una pell llisa, tibant, lluent i sense taques, llavis una mica molsudets, cabell llustrós, sense la més mínima presència del gris o del blanc, ulls vius i absència d'arrugues són un conjunt de trets que, per exemple, en la cara d'una dona poden actuar com a indicador capaç d'engegar l'acció d'uns impulsos que tocaran els mecanismes neuronals de l'agradabilitat i que hauran de destapar alguna mena de potencial gratificador en les ments dels homes que les miren. El paisatge d'aquesta cara toca totes les tecles de l'atractiu i publicita d'allò més positivament la persona que l'exhibeix. Per tot això, no cal dir que entre les estratègies de seducció encaminades a potenciar la capacitat dels indicadors, ja sigui mitjançant un acoloriment dels llavis, un allisament de les galtes que ajudi a remarcar la posició d'uns pòmuls que no deixen de ser preciosa metonímia d'una pell desitjosa d'acaronar, o un toc de vivor i amorosiment en l'espai d'uns ulls on hagin de brillar les ninetes hi ha una mena de consciència subjacent d'empeltar la cara d'una simetria global que l'obri a un atractiu generalitzat.

Independentment del grau d'atractiu que li puguem atribuir, la cara concentra una bona part de les nostres habilitats comunicatives i no ha de resultar gens estrany que al llarg de generacions i generacions haguem especialitzat aquesta part del nostre cos en la manifestació més clara d'estats interiors, de manera que la cara esdevingui, no només el nostre paisatge corporal més familiar, sinó el nostre aparador. A la cara som capaços de codificar i descodificar els més diversos matisos d'informació, detalls d'interès i espurnes d'emoció, de ganes, de desig, de fàstic, de refús, de ràbia, de por o de sorpresa. Per això el paisatge facial resulta l'espai idoni per desplegar les més agosarades estratègies de seducció.

Que la cara sigui un espai d'alta densitat informativa fa veure com a natural un considerable grau d'identificació entre els conceptes, i les imatges, de cara atractiva i bellesa física. Tanmateix, pel que fa a les preferències la cara no ho és tot. Més amunt ens hem anat referint a com la resta del cos pot fornir signes de la capacitat reproductora de les dones i dels homes i, així, haurien pogut esdevenir indicis d'atractiu en el sentit que serien capaços d'engegar automàticament en elles i en ells el desig d'aproximació i de contacte. I el sedàs de l'evolució els hauria col·locat com a punts valuosos en la preciosa xarxa de les estratègies de seducció.

En el camí de l'hominització hem arribat a la fita de la contemplació dels cossos després de resseguir, pel damunt, la reescriptura de la seva construcció i hem insistit en aquesta mena de realimentació fascinant, generadora d'espais de comunicació i de creativitat, que hi ha entre mascles i femelles, entre homes i dones. I així si ells s'encaterinaven de bons pits en les femelles, les femelles lluirien bons pits, com també els homes dissenyarien aquell penis més gustós i més desitjat per les dones i, ben segur, que si elles i ells decidien d'engrescar-se per les diferents formes d'intel·ligència o per cares estèticament ben afaiçonades, tots els humans, homes i dones, gaudirien, d'alguna manera, de lucidesa, brillantor, gràcia i bellesa.

Arribats a aquest punt, davant de l'evidència d'aquests cossos tan ben dissenyats i del paper que hi ha tingut, de manera subjacent, l'instint de seducció, generador dels rínxols de realimentació més creatius que coneix la naturalesa, deixeu-me preguntar si l'emergència de la ment com a conseqüència del creixement espectacular del cervell al llarg del camí de l'hominització no estava pas molt mediatitzada per les arrels profundes d'aquest instint, generador del caos més creatiu, el de la seducció.

UN AFEGITÓ SOBRE LA MIOPIA DEL MÀRQUETING

Sovint em passa pel cap que a nosaltres, a l'hora d'estudiar el desenvolupament de la comunicació, la cognició i el llenguatge o, fins i tot, l'art i la literatura, ens passa allò que tan bé va saber assenyalar Levitt en un famós article —«Marketing myopia», publicat l'any 1960 a *Harvard Business Review*— en el sentit que, fins a finals dels anys cinquanta, l'objectiu de la major part d'empreses era el de transformar la matèria en productes físics tan barats, eficaços i de confiança com fos possible i la funció dels equips de màrqueting no era pas cap altra que la d'un conjunt de tècniques per fer circular els productes pel mercat de la millor manera possible. El vertader centre de tota l'operativa eren els productes, fets en sèrie. Avui, en canvi, tots sabem que la planificació en màrqueting no l'hem de dirigir tant als productes com a les necessitats dels consumidors o usuaris, de manera que aquest objectiu haurà de presidir les estratègies de desenvolupament empresarial. El nou model ha de girar entorn de la percepció del producte que en tenen els usuaris i el punt de mira seran les seves preferències.

La miopia feia referència al fet que, en aquells moments, moltes organitzacions empresarials embolicades d'una autoestima tan gran per la suposada excel·lència dels seus productes, guanyada en l'economia anterior, van veure com altres empreses, sense fer exactament el mateix producte, s'acoblaven molt millor a les preferències dels consumidors per les seves formes innovadores. I vet aquí que el menyspreu de moltes empreses i els seus directius per les noves idees els va dur a tastar els més estrepitosos fracassos. Avui, sembla la cosa més normal del món, però ha costat anys i panys posar les preferències del client en el punt de mira de les estratègies més exitoses.

D'acord amb la nova planificació del màrqueting, les finalitats de l'empresa ja no són els objectes físics manufacturats, sinó el fer mans i mànigues per descobrir i arribar a les necessitats dels consumidors, als seus desitjos i a les seves preferències. La producció troba el seu sentit a contribuir a satisfer necessitats de persones i això representa un canvi radical en la concepció de l'activitat econòmica. De fet, la irrupció dels nous plans de màrqueting instal·la la psicologia del consumidor en el cor mateix del desenvolupament econòmic. No sé si en som del tot conscients, però ens obrí de bat a bat les portes d'aquest univers ple de productes i serveis variats i enlluernadors del que sembla que ja ningú no ens en podrà treure mai.

Ara, animem-nos i tornem al fil del nostre relat. Dins el món viu animal passa una cosa ben semblant a tot el que hem assenyalat per a l'espai de l'empresa i, de fet, podem partir de com les «empreses» de la natura fan bé la seva feina de producció en crear organismes eficients que transformen menjar en creixement i en produir més organismes. La natura «produeix» organismes i la comunicació, tal com passaria amb la més vella publicitat, acompanya aquest «producte» i l'ajuda a comportar-se en les seves interaccions en el parell de mercats més interessants del seu entorn, el sexual i el social.

És ben veritat que aquest tipus de producció és del tot especial, però estarem d'acord en què, si els organismes són com un producte, aquí les preferències del sexe contrari a aquest organisme «produït» són comparables a les preferències dels consumidors. I ara si féssim cas dels nous plans de màrqueting, hauríem de veure que els rituals d'aproximació, contacte i festeig amb totes les seves manifestacions i, fins i tot, amb la quantitat d'energia dedicada a l'èxit d'aquest negoci de la supervivència en descendents, no és pas un esforç balder. Més clar, aigua. Tots plegats, mascles i femelles, «saben» que empren l'estratègia més exitosa per passar els seus gens a la generació següent si sadollen les prefèrencies sexuals del sexe oposat. Tot un pla de màrqueting.

Avui sembla que hi ha un desig unànime: que les nostres empreses siguin innovadores. La innovació té prestigi avui i, en certa manera, l'ha tingut sempre, encara que a primera vista potser no s'ha sabut veure. Una empresa innovadora sap adaptar-se perfectament al seu nínxol socioecològic i això ho aconsegueix si disposa de bons plans estratègics per invertir en recerca, desenvolupament o disseny. Quan hem d'avaluar el comportament innovador d'una empresa ens fixem de seguida en totes les coses noves que fa, els productes que llança i els procediments emprats per aconseguir acoblar el seu producte a les preferències d'un sector o altre del mercat. En fixar-nos en els seus productes, sempre ens preguntem per la forma com han estat creats, pel procés de disseny i, encara, sovint, ens aturem a esbrinar els comportaments, les situacions i les relacions de realimentació mantingudes en tot el procés de generació dels productes, per arribar a filar més prim a l'hora de posar el punt de mira en la gestió de la innovació i de les condicions per crear productes o serveis veritablement innovadors.

Que un bon pla de màrqueting tingui l'ull posat en les preferències dels consumidors o usuaris no voldrà dir pas que desatengui la qualitat del producte. És ben bé al contrari. Una sensibilitat més gran cap als gustos dels consumidors demana una atenció constant per l'alta qualitat i força l'empresa a millorar els seus estàndards de producció. De la mateixa manera, la tria d'una parella sexual a partir d'un munt d'indicadors d'«excel·lència» haurà de dur a la llarga cap a una despesa en la millora d'aquells elements desplegats en tot el procés d'aproximació que siguin més ben vistos per l'objecte del desig.

Les seves preferències són el punt clau. I, per això, totes les meravelles de la naturalesa viva, tots els paisatges vegetals, animals i humans són el resultat de l'«excel·lència» en els plans de màrqueting. Tal com hem vist, ho són els cossos per seduir, els paisatges facials tan plens de matisos i de significat i ho són també els cervells i tots els seus productes, de la intel·ligència social i el llenguatge a la tecnologia, l'art, la literatura, la música o el sentit de l'humor.

Tot allò que és important per a l'organisme o per a l'espècie s'exhibeix de manera ben distingida a fi d'atreure la parella, i és per això que ja entre els nostres ancestres la intel·ligència social era ben important pel fet que calia fer amistats, tenir aliats, resoldre —i no pas crear— conflictes, comprendre el que els altres pensaven o sentien, però també poder demostrar als altres que realment es posseïa aquesta intel·ligència social, i fer-ho no seria pas fent càlculs complicadíssims ni realitzant obres altament complexes. Probablement, ho farien parlant, a través del llenguatge, demostrant l'habilitat de saber escoltar i la de saber bastir un discurs durant el ritual de festeig i, ben segur, el sentit de l'humor també seria una habilitat distintiva humana molt representativa, ja que no funciona si qui en vol fer ús no disposa d'una bona intel·ligència social.

Si no sintonitzes amb la persona a qui li expliques un acudit, aquest no funcionarà gaire, de manera que el sentit de l'humor arribarà a esdevenir un bon indicador d'intel·ligència social. Val a dir que és força atractiu i que a tot arreu la gent el valora molt a l'hora d'escollir parella. Fa poc, vaig llegir una entrevista que li van fer a l'Anna, la noia que fa vint anys va ser la primera nena «proveta», i en preguntar-li l'entrevistador sobre què l'atreia més del seu xicot va dir sense pensar-s'ho gens ni mica: «el seu sentit de l'humor». Assenyalava un indicador excel·lent que ja havia atret moltes de les nostres ancestres. Ben segur que pel fet que agradava va esdevenir un indicador tan bo. Tal com hem fet amb el sentit de l'humor, qui sap si no podríem fer el mateix amb les diverses formes d'art com a instruments de seducció. Vet aquí que sentit de l'humor i habilitats artístiques haurien estat unes bones innovacions dels nostres ancestres pel fet que sadollaven les preferències de les seves possibles parelles.

Ja ens hem explicat que els plans de màrqueting semblen afavorir una diversificació de productes i serveis que hom podria considerar ben bé com una forma de malbaratament en omplir les lleixes dels supermercats de dotzenes de productes força semblants. És així, i la natura sembla fer el mateix per tal com omple els ecosistemes de tota una munió d'espècies gairebé idèntiques. Tanmateix, si ens fixem bé en els processos veurem com l'existència de tants productes semblants porta les empreses a dedicar més grans inversions en recerca, desenvolupament i disseny, ja que si tenen un bon pla de màrqueting i aconsegueixen una propaganda eficaç confien en què els beneficis generats per les innovacions superaran en molt els costos de les inversions en recerca.

De la mateixa manera que les empreses més exitoses troben la base del seu èxit en les fortes inversions en innovació, si bé, sempre, amb l'ull posat en les necessitats dels consumidors, ¿no passava igual en el domini de la biologia amb inversions cada vegada més grans en el desplegament de les habilitats comunicatives amb la finalitat de desplegar estratègies que permetin de connectar millor amb les preferències dels hipotètics consumidors, sempre, el sexe oposat en el més gran dels negocis de la vida, el de la transmissió dels gens de generació en generació? Qui sap si la nostra competència comunicativa i totes les nostres formes d'intel·ligència no ens vindran d'un parell de milions d'anys d'una dura recerca de mercat amb la finalitat de seduir i que, nosaltres, amb el llenguatge, la música, la ciència o les noves tecnologies de la informació no estem fent més que desplegar aquelles habilitats que tenen l'origen a publicitar de la manera més exitosa la bondat dels nostres gens.

En aquest sentit, les nostres habilitats mentals s'haurien desplegat com a indicadors de qualitat en el difícil —però decisiu— art de l'aproximació, el festeig i l'aparellament, per anunciar com n'és de bona la nostra candidatura de cara a formalitzar el més categòric dels contactes. De fet, en totes les espècies els individus es posen els millors, els més llampants, dels vestits per començar la gran aventura del contacte i del festeig. El que ens caracteritza a nosaltres, els humans, és que a més de la cara i el cos, on la biologia s'ha esmerçat per deixar-los tan ben presentables, i visibles i perceptibles directament, la mateixa biologia ens ha guarnit d'unes altres qualitats que observem més indirectament, ja sigui a través de la conversa, de l'expressió o del comportament, com l'estatus social, la intel·ligència, la fiabilitat, l'amabilitat, la creativitat o la fidelitat.

Molt sovint passa que una innovació introduïda en qualsevol àmbit, amb una finalitat concreta, no acaba de desplegar totes les seves possibilitats fins molt més endavant, i encara després de ser reconfigurada, tal com passa, per exemple, en el ritual d'ensenyar les dents, innovació en el comportament dels mamífers a fi i efecte de domesticar l'agressivitat i apaivagar la violència, que més endavant fou redirigit i transformat en el fascinant ritual del somriure amb unes altres funcions. També la lògica desenvolupada pels estoics no s'acaba de desplegar fins quasi vint segles després, o la pólvora que els xinesos feien servir per divertir-se amb els castells de foc acabaria per ser, en un altre temps i en altres llocs, una arma molt poderosa. És per això que moltes de les habilitats comunicatives poden haver estat innovacions dels cervells homínids com a elements per publicitar atractius en el negoci del sexe —aquells o aquelles que els posseïen feien més fira— i ara els fem servir per desenvolupar teories com la del caos, per organitzar fundacions antisida o per fabricar bons productes per a la televisió.

Hem vist com avantpassats i avantpassades nostres anunciaven en els seus cossos la seva salut, la seva joventut, la seva més que probable fertilitat i com publicitaven la bondat dels seus gens per fer veure que no fóra mal negoci el de copular-hi. Ens referíem més amunt a com, amb uns bons pits o unes natges arrodonides, elles demostraven estar en possessió d'una bona quantitat de greix reclosa en aquests fascinants magatzems —innovació d'un rendiment excepcional— signe d'un poder nutritiu que les feia unes futures mares de qualitat excel·lent de cara a esquerar la fillada i, per tant, els gens.

Els indicadors són d'una excel·lència tal que ells, amb un sol cop d'ull a la forma dels cossos d'elles, sabien que invertirien bé els seus recursos biològics si hi contactaven, hi festejaven i hi copulaven. De manera que tota aquesta informació la té el mascle a la seva disposició i per això desenvolupa sistemes emotius i visuals ben coordinats per donar-hi resposta. Igualment, les femelles homínides llegien i analitzaven el cos de l'home i es fixaven, i es fixen, en la pell, els músculs, l'alçada, les mandíbules i les celles, que són signes de testosterona, estatus, dominància i salut, i també responen a tots aquests signes dels cossos d'ells com a trets d'atractiu sexual.

Hi ha una frase feta que sempre m'ha fet molta gràcia, i diu: «hi ha ulls que s'enamoren de lleganyes», com no saber trobar l'entrellat d'una relació. Es podria repetir en qualsevol cultura i en qualsevol espècie, des de les papallones fins a les persones passant pels llagostins, els gossos o els ximpanzés, encara que els sistemes de preferències entre els sexes estan governats per regles bastant ben formulades pel que fa als atractius i quan un element se'n surt sovint hi ha una explicació. D'una dona podria dir-se «va i s'enamora de Woody Allen», personatge que no respon pas als trets estàndards d'atractiu físic. ¿Per què succeeix? ¿Què és el que el fa atractiu?

La meravella de l'elecció de parella com a procés és que ens fixem en el tret en què ens fixem, en la salut, la joventut o la força, si els productes del teu cervell contenen molta més informació que la totalitat del cos és en aquest cervell que es fixaran, i en el cas especial de Woody Allen, amb un aspecte físic que no és el d'un venedor ni de força, ni de salut, ni de joventut, a través dels seus textos, de les seves pel·lícules i de la seva conversa hi podrà veure una intel·ligència meravellosa i una capacitat d'excitar i de produir novetats que poden arribar a esdevenir molt més atractives per a una dona que uns bons músculs o unes espatlles ben amples.

De fet, ara comença a haver-hi proves suficients per pensar que en els moments de fertilitat màxima, quan estan al mig del cicle de la menstruació, les dones es fixen més —i s'hi senten molt més atretes— en trets com la creativitat artística, el sentit de l'humor, la força de l'argumentació rigorosa i científica o l'enfilall d'històries ben contades i plenes d'enginy i imaginació. Per la creativitat, pel rigor i pel discurs ben bastit. De ben segur que la natura ens voldrà dir alguna cosa en presentar aquests trets com a embolcalls d'un producte tan delicat com els bons gens. I vet aquí que quan les dones no són fèrtils es fixen molt més en l'aspecte físic, l'estatus o el diner, de manera que estan molt ben adaptades i tenen aquesta mena de sentit especial, d'intuïció, que en els seus millors moments porta a considerar que Woody Allen té bons gens.

Ja ens referirem més endavant a com de diferent pot arribar a ser el comportament dels homes del de les dones en l'espai de les relacions interpersonals. Per començar, la focalització d'una bona part de les seves preferències va cap a l'atractiu físic, la seva fixació en els cossos de les dones sovint és contundent. Hi ha diferents raons per explicar-ho, com la importància i el condicionament que té sobre el comportament masculí la presència de fortes dosis de testosterona, l'hormona masculina per excel·lència, a la sang, que afavoreix la concentració en les percepcions visuals, l'esclat contundent del desig i la unidimensionalitat de la tasca en què es concentra. Aquest fet dels punts de mira diferents que desencadenen estratègies d'atansament, diferents com també ho són els intercanvis afectius, queda reflectit en les preferències d'ells i d'elles per les seves parelles potencials.

Aquestes preferències intervenen tant en la funció dels signes característics dels jocs de seducció com en els avenços pel camí del ritual de l'acoblament. Dades procedents de cultures ben diverses ens informen que les dones actuals, a l'hora d'escollir parella, usen criteris força sistemàtics, i de natura complexa, i assenyalen com atractius més remarcables la simpatia, la competència empàtica, la intel·ligència en les seves diverses formes, social, emocional..., i, fins i tot, la posició econòmica dels candidats potencials. Això diu molt a favor de les dones, ja que els homes, encara que no oblidin aquests atributs —per a alguns són molt importants—, es deixen dur, molt sovint, per l'atractiu físic com a criteri essencial.

Si ens hi fixem una mica, ens adonarem que els trets preferits per les dones són aquells avui més valorats en tots els espais de la societat i semblen ser aquells que porten directament cap al reconeixement i l'èxit en la major part de situacions comunicatives, cosa que vol dir, ni més ni menys, èxit en la vida social. Tan interessant és l'abast d'aquest tipus de preferències que alguns biòlegs han començat a plantejar-se si no seria aquesta preferència de les dones cap als homes amb una bona competència social la que hauria estat un dels motors que durant milers i milers de generacions hauria contribuït a l'emergència de les propietats més subtils del cervell humà, que permetrien desplegar aquestes meravelloses habilitats mentals heretades per les generacions actuals de la nostra espècie.

Habilitats com les de resoldre problemes relacionats amb la fabricació d'objectes, habilitats lingüístiques amb les quals gaudir de la conversa reconfortant, del sentit de l'humor, de l'art de contar històries o de desenvolupar processos de construcció de diferents tipus de relats, habilitats com l'amabilitat empàtica, etc., són veritables creacions de la ment humana com a conseqüència de canvis espectaculars produïts en el cervell homínid que creix en un temps rècord, com no havia passat mai en evolució abans de les nostres espècies. Aquí hem volgut implicar-hi directament —per explicar aquesta espectacularitat— la gran pressió introduïda pel sistema de preferències de mascles i femelles. Ja no tenim gaires dubtes del fet que el Big Bang de l'univers de la intel·ligència, la memòria i la voluntat no fou més que el resultat d'una pressió molt forta al seu favor en el gran negoci de les interaccions que permetien de gestionar la continuïtat de la vida homínida.

Per nosaltres, la miopia en el món d'aquests estudis de comunicació ha estat no valorar com cal aquesta pressió que respon a l'instint de seducció, la força més creativa de la biologia dels éssers sexuals, la que va fer emergir els cervells més creatius i la que ha permès de generar en l'espai de la biologia aquest univers nou que anomenem *cultura*, governat encara més, si s'escau dir-ho, per la força de la seducció. El cervell humà i les seves capacitats són tan extenses, heterogènies i complexes, i costen tant de fer créixer i de mantenir, que han d'haver emergit a través de l'acció directa d'alguna força biològica fonamental.

Estareu d'acord en què tenim una certa fascinació pels comportaments sorprenents i d'aquesta evidència en trobem un bon tast en el gust que tots plegats tenim pel sentit de l'humor, fins al punt que la seva experiència pot resultar una de les millors mostres de l'existència del plaer com a resultat de les nostres activitats. També la música, la literatura i l'art en general basen el desencadenament de l'experiència plaent en la capacitat de sorprendre. Creen una perspectiva en la ment i després, com per art de màgia, realitzen una mena d'acrobàcia mental mitjançant la qual, d'alguna manera, frustren les expectatives que ens hauríem fet, les desbaraten i ens sorprenen i ens poden meravellar. Disparen en nosaltres els mecanismes del plaer, la química del plaer, i com que sovint lliguem plaer amb bellesa parlem de la bellesa d'aquesta acrobàcia mental que nosaltres podem reproduir en el nostre pensament. Podem crear un tema musical i després fer-hi una variació o contar una història i posar-hi un final sorprenent. Considerem que l'habilitat per crear aquestes expectatives és una mostra ben fefaent dels desplegaments de la nostra intel·ligència social.

Aquesta capacitat de sorprendre omple la natura i a l'espai de les acrobàcies sembla com si la genètica s'hi hagués volgut abonar. Recordo de quan era petit l'experiència d'haver d'empaitar i agafar un conill que corria tot esporuguit pel corral després d'haver-se escapat de la conillera. L'animaló feia unes ziga-zagues increïbles i gairebé cada una de les seves posicions era una sorpresa per a mi. Jo era tot ulls, però era incapaç de predir la seva trajectòria en un moment determinat. I això un conill domèstic. El conill de bosc, també anomenat *salvatge*, havia sobreviscut a predadors tan àgils i carnissers com les guineus, justament desplegant aquestes habilitats per improvisar.

Els animals s'adapten a l'entorn gràcies a respostes impredictibles. La seva biologia ha seleccionat les estratègies d'improvisació com a mètode exitós per sobreviure. Ens diuen els entomòlegs que és més difícil de predir el comportament d'una mosca durant els propers deu segons que el d'un planeta a la seva òrbita durant els propers deu milions d'anys. I encara avui als nens i a les nenes massai l'instint els empeny a córrer de manera ben aleatòria a fi d'escapolir-se dels animals que els voldrien enxampar. Tanmateix, vet aquí que en els animals més evolucionats, els primats i d'entre ells els humans, la improvisació ha esdevingut alguna cosa més que en la manera d'escapar d'un predador. Els ximpanzés, fins i tot, han desenvolupat comportaments imprevisibles com a pura tàctica de seducció de les femelles, una mena de dansa d'aparellament.

La tendència a elaborar respostes cada cop més variades ha assolit un màxim nivell en la nostra espècie capaç d'idear tot tipus de jocs d'atzar, estratègies i mecanismes que a través de les més noves tecnologies exploten la nostra capacitat d'improvisació i la nostra fascinació per la novetat i per l'imprevisible. Creiem que aquestes habilitats poden haver estat amplificades en la creativitat humana a través dels més fins i delicats artificis de seducció. En aquest sentit, doncs, no hauríem de veure la creativitat com un efecte d'una activitat neuronal desbocada, sinó més aviat com el desplegament màxim d'uns mecanismes que la natura ha provat amb èxit en l'espai de la supervivència des de les papallones fins als humans i per això l'ha situat entre els millors indicadors d'intel·ligència.

Entretinguem-nos una mica més en aquesta aparent paradoxa. Sembla que la naturalesa hauria d'afavorir la competència en predicció i, sense cap mena de dubte, és així. L'optimització de l'activitat ha de dur a explotar les habilitats a fer prediccions i, en conseqüència, a seguir correctament cadascun dels rituals de la conducta específica en cada moment. En teoria, aquells i aquelles que ho fan així, seguint els cànons de la correcció s'aparellaran millor i escamparan els seus gens cap a les generacions següents. Aquí val a dir que els gens poques vegades determinen directament les conductes específiques; en canvi, sí que, molt sovint, determinen les maneres en què els signes de l'entorn activen el comportament.

Ara bé, hi ha situacions límit en què ser predictible té molts costos. Si un altre animal està, justament, fent prediccions sobre on seràs i què faràs en un moment determinat per enxampar-te, tens mala peça al teler si actues segons les formes de conducta més previsibles. I vet aquí que aleshores si maximitzes l'aleatorietat, minimitzes el risc, i així la natura afavoriria ben aviat d'introduir en els cervells programes per produir comportaments imprevisibles que arribarien a esdevenir adaptatius, ja que l'aleatorietat afavoria, en aquests casos límit, la supervivència en ser la més exitosa adaptació contra la certesa d'anar a parar a la panxa d'un predador i per això encara en sovintegen l'ús tots els animals.

És així com animals i humans hem desenvolupat unes habilitats per les prediccions i unes altres per improvisar. Aquestes darreres són habilitats estratègiques d'usar l'aleatorietat just quan cal fer-se impredictible, i crec que en una barreja harmoniosa de les dues hi troba fonament la creativitat humana, ja que ser creatiu implica fer un ús estratègic de novetats força imprevisibles per aconseguir efectes socials. Arribats a aquest punt, no resultarà gens agosarat pensar que els cervells humans dissenyats fa més de cent mil generacions anessin modificant els programes d'aleatorietat al servei de la creativitat, una reconfiguració de programes i àrees cerebrals a fi i efecte de fer emergir el gran miracle d'activar la improvisació o l'acrobàcia per recombinar idees mitjançant paraules, imatges, gestos o sons.

Aquestes estratègies de creativitat qui sap si no haurien rebut un gran impuls de l'aprofitament que en farien com a estratègies de seducció, ja que quin efecte social hi pot haver tan determinant com el d'aconseguir decantar els favors d'un company o una companya en l'enlluernador joc de les interaccions per a l'aparellament. En aquest joc, hi desplegarien tota una munió de formes de creativitat, especialment el sentit de l'humor, el joguinejar, la capacitat de distreure, de jugar amb la canalla, d'imitar persones o animals, de contar històries, de manipular objectes, de dansar o de mostrar habilitats musicals. Les persones creatives serien ben vistes i gaudirien d'un bon estatus, tal com encara passa avui dia.

La creativitat acabaria per fer molt atractiva la imprevisibilitat. Sembla mentida com d'aquelles ziga-zagues improvisades que permeten sobreviure la papallona, el conill o la daina n'havien de sorgir programes que permetrien d'explicar l'elegància d'aquella seqüència en què un jugador de futbol amb la pilota als peus pot engegar la màquina de la bellesa, o l'eloqüència amb la qual un locutor pot presentar tots els matisos i les espurnes d'aquella bellesa, o d'una ballarina, una orquestra o un relat que ens poden donar la mà per traspassar el llindar cap als espais on els pensaments estan més compromesos amb les emocions.

A poc a poc la natura aniria omplint el desplegament de les estratègies més creatives de sensacions i emocions de plaer i les preferències psicològiques acabarien per anar agermanades de les sensorials, de manera que quan un individu oferia una mostra de la seva creativitat esdevenia cada cop més atractiu i en moltes de les seves intervencions mitjançant activitat corporal, mental, o les dues plegades podia despertar en altres una combinació de curiositat, encant, felicitat, rapte estètic, admiració, desig o adoració i, per descomptat, en molts casos, enveja o gelosia. I no és gens estrany pensar que aquests sentiments poden ser la causa directa d'aconseguir la millor posició a l'hora de començar la cursa dels rituals d'aparellament. Així les estratègies de creativitat que haurien començat com un aprofitament de l'aleatorietat i improvisació —en serien efectes col·laterals— haurien estat reconduïdes i redirigides fins a esdevenir una de les més poderoses forces en què es manifestà el nostre instint de seducció.

La creativitat esdevé un indicador d'excel·lència i la seva presència resulta cada cop més atractiva i plaent. Aquell plaer que sentirien en veure'n una manifestació seria semblant, en principi, a d'altres com el d'engolir bones menges, escapar d'una maltempsada, veure un paisatge meravellós, un cos dibuixat pel cànon de bellesa mateix amb totes les flors de la joventut, la salut i la fertilitat, veure créixer la fillada o el plaer màxim, el de l'acoblament i la copulació. Les espurnes de plaer presents en cadascun d'aquests casos tenen com a efecte la força del reforçament que ha d'afavorir l'ús de l'estratègia que ha permès d'arribar a produir-les en estimular els centres de plaer del cervell. Els sistemes de plaer han evolucionat per una raó fonamental, encoratgen els animals i els humans a fer coses que millorin les nostres perspectives de supervivència i de reproducció ja sigui directament o d'una manera més indirecta.

Podem considerar ja la creativitat com una clara manifestació de la intel·ligència. Sabem que els cervells són com màquines de fer prediccions que pinten a la pissarra de la nostra ment un model del que està passant en el món, i vet aquí que hi posen tot un bon suplement d'atenció si s'esdevé que el món es desvia del model previst. Sí, els trencaments de les expectatives són veritables sacsejades que atreuen l'atenció. De fet, l'atenció també guia la conducta per ajustar el món als nostres desitjos i, en aquest sentit, guiarà tot procés d'aprenentatge a fi i efecte d'acomodar cada cop més el nostre model al de la realitat. Ambdues funcions de l'atenció són fonamentals per a l'efectivitat del cervell com a controlador del comportament. I per això posar l'atenció al servei de l'atracció per la novetat ha influït, i molt, en l'evolució dels mecanismes de seducció i en el gust per la intel·ligència com a indicadora de qualitat.

Les femelles homínides començarien ben aviat a preferir els mascles amb un repertori més gran de manifestacions de creativitat que de la mateixa manera que sabien resoldre un problema podien entretenir la mainada. Entre les formes de creativitat, van rebre un fort impuls aquelles que tendien a la recombinació creativa d'elements simbòlics com paraules, sons, gestos, per provar nous arranjaments amb uns nous significats emergents, frases, discursos, melodies, danses, pintures... Aquestes permetien crear noves idees, noves emocions i més atractiu cap a aquells i aquelles que disposessin d'aquestes competències. Començava a arrelar un cert gust sexual per la intel·ligència creativa, ja que les femelles l'haurien col·locat entre els indicadors que més s'avenien a les seves preferències. Ja hem vist més amunt que les preferències d'ells i d'elles anirien fent créixer de pressa el cervell en dimensió i en complexitat. Nosaltres, que ara escrivim o llegim aquests mots, som descendents d'aquells i d'aquelles que van descobrir el gust per la intel·ligència creativa i que la van posar ben amunt en les seves llistes de preferències.

Ens atreuen les cares i els cossos, però també l'amabilitat, el sentit de l'humor, la intel·ligència creativa i un bon estatus a l'hora d'entrar en l'espai de les interaccions. Aquests trets de l'atractiu sabem que formen part de la naturalesa humana teixida amb els fils de l'evolució. És fàcil d'intuir que el nivell de fascinació, felicitat i bones vibracions que els nostres ancestres, homínids i homínides, sentien en companyia d'altres individus era el signe que ells feien servir per avaluar la ment de l'interlocutor o interlocutora i el seu caràcter. Si algú feia riure provocava interès i si explicava bones històries feia que els individus se sentissin ben acompanyats i distrets i aleshores li era més fàcil d'aprofundir en la proximitat i guanyar punts per entrar en els espais de la intimitat. El plaer davant de la seva presència seria un bon indicador de la seva intel·ligència, amabilitat, creativitat o humor. Això, més o menys, i amb una altra mètrica, encara passa avui si bé ara hi ha molta gent que fa la seva feina perquè la gent trobi un context més fàcil per lligar.

Sí, sovint hi ha una gentada que fa la seva feina per a nosaltres, per al nostre divertiment, que ens prepara les coses fent música, cantant-la o tocant-la, que produeix cinema o l'explota, que cuina suculents o sofisticats menjars o que els serveix refinadament, que ens transporta o ens acull en vertaders espais de seducció, que ens forneix la possibilitat de disposar d'unes feromones naturals o sintètiques que disparen els punts crítics de la química de l'enganxament. I vet aquí que per seduir sovint ho necessitem tot, mentre que entre els nostres avantpassats homínids l'entreteniment de qualitat per a la parella se l'hauria de fer cadascú, i seria d'allò més buscat i reclamat aquell bon entretenidor capaç de fer passar una bona estona. De ben segur que amb la força de seducció subjacent a les seves destreses a entretenir li obririen les portes del tabernacle de la intimitat.

Veritablement, si tu eres un d'aquells ancestres, t'hauries d'haver espavilat de valent i avivar l'enginy, ja que si no feies venir a la teva parella el desig de riure i d'apropar-se a tu, ningú no ho faria per tu, tal com passa avui quan anem a veure un espectacle, a fer un sopar íntim o, simplement, a prendre unes copes en un espai amb una música acollidora i ben disposada per donar una empenteta als cossos que desinhibeix, allibera, l'alcohol. I si, aleshores, algú la divertia, la cita i qui sap si les claus de la porta de la intimitat serien per a ell i no per a tu. Si la parella estava una mica ensopida, o la mainada mig avorrida, la varietat de l'entreteniment era força migrada. Això sí, qui sap si no els distrauria algú que es fes d'escoltar per les seves habilitats a enfilar històries d'allò més imaginatives o per desplegar una mostra de moviments del cos o ritmes trepidants en danses que els posaven els cossos i les ments en veritables paradisos de l'harmonia o, qui sap si un rosari d'acudits els canviaria l'estat d'ànim, els faria riure i així entrar en estats de motivació per realitzar les activitats més diverses. O, simplement, els apaivagaria l'ansietat i els neutralitzaria el neguit perquè el doll de les emocions només tingués el color de la positivitat i el plaer.

Un dels grans miracles de la natura és el fascinant procés d'anar, progressivament, correlacionant les estratègies més creatives del comportament amb l'emergència i el desplegament de les sensacions de plaer. Quin poder el de la natura, de donar plaer! Aquest plaer l'hem de llegir clarament com una indicació de significat biològic. I tant és així que aquells o aquelles que ens disparen els mecanismes de producció de plaer ens atreuen i trobem atractives aquelles coses que han estat fetes per persones amb atractiu. Per això ens atreu l'art, la literatura, la música, les noves tecnologies o el disseny, i per això ens atreuen de manera especial les persones creatives.

La pressió social a favor d'explotar totes les habilitats relacionades amb la creativitat serien molt i molt fortes en aquelles comunitats homínides ja ben adaptades a la vida de la sabana africana. Per entretenir, per atreure, per festejar, per liderar, per educar, per coordinar la defensa o la cacera, per minimitzar els riscos i maximitzar els beneficis, per apaivagar la por i per gestionar la informació, per empènyer els processos de fabricació d'objectes, cap a la tecnologia i el disseny d'eines per a la cacera o d'ornaments per a l'ús personal, simplement, perquè els agradarien. Aquesta pressió que feia eixamplar l'espai dels valors, les emocions i el plaer i els correlacionava amb comportaments creatius feia créixer i créixer el cervell i multiplicava les connexions entre les neurones.

BEN IGUALS PERÒ MOLT DIFERENTS

Hi ha tot un reguitzell de tòpics que hem sentit moltes vegades: que si els homes són agressius i les dones diplomàtiques, que si a ells els encanta parlar d'esports de competició i elles frueixen de les converses sobre relacions personals, que ells discuteixen de política i elles xalen amb les xafarderies, que a ells els encanten els cotxes mentre que elles prefereixen la gent, que els ulls d'ells s'enlluernen davant de la tecnologia i els objectes que aquesta és capaç de produir mentre que elles miren amb avidesa per escatir els efectes d'una relació, que ells són poc emotius i que elles per un no res riuen o ploren. Aquests tòpics, que de vegades poden esdevenir veritables prejudicis, responen a diferències profundes que la naturalesa ens ha posat damunt a l'hora d'enviar-nos al món.

És ben veritat que per fi, des de ja fa unes quantes dècades, assistim a un alliberament de la dona cada cop més visible en el món occidental, a una igualtat d'oportunitats, força fictícia encara, cada cop més real, a un apaivagament de la discriminació, que, sense cap mena de dubte, considerem com una de les fites assolides per la nostra espècie i que ens enorgulleix a totes les persones. En gran part, aquesta fita és conseqüència de la lluita feminista combinada amb el desplegament de les noves tecnologies, de la nova economia i de la nova societat que afavoreixen la igualtat. De lluny, sembla com si aquest camí d'igualtat hagués de dur la famosa diferència de sexes cap a la paperera de les idees passades de moda. Tanmateix, ¿de veritat és així?

Sense embuts: sostenir que unes i altres són iguals en habilitats, aptituds o competències comunicatives vol dir facilitar una concepció dels fets socials, de la societat i de la identitat de les persones basada en una mentida biològica, ja que avui sabem que els nostres cervells —els dels homes i els de les dones— són lleugerament diferents i hi ha indicis més que suficients per pensar que processem la informació també de manera una mica diferent. Un quart de segle de recerca neurobiològica ha fornit les evidències empíriques per fer més i més plausible la hipòtesi de les diferències. Constatem, un cop més, la poca atenció de què havia gaudit la biologia, fins fa quatre dies, a l'hora d'encarar amb rigor la naturalesa del comportament humà, de la intel·ligència a la memòria i de la comunicació a l'emoció o la passió. El poc interès per mirar, veure, observar i explicar la seducció amb els ulls i l'aparell mental de la biologia. De fet, un bon farcell de prejudicis sempre ens ha fet caminar amb peus de plom per la via biològica del coneixement del fenomen humà.

Els diversos moviments reivindicatius de les dones han estat, i estan, del tot justificats i ben legitimats pel fet que la història ha bastit unes societats configurades sobre principis de desigualtat, desequilibri i jerarquia. La desigualtat entre els gèneres n'era un dels pilars. Això feia i fa de la igualtat un objectiu ben clar a assolir. Ara bé, la igualtat mai no l'hem de confondre amb la uniformitat o la identitat. Ans al contrari, una igualtat aconseguida ha de voler dir, ni més ni menys, una diversitat reconeguda, respectada i enriquidora. Som iguals i en la igualtat som diferents! Volem dir que no hi ha d'haver jerarquies ni de tipus cultural ni social. Encara que, de fet, un home s'orienta millor a camp obert o per un laberint, juga millor als escacs, resol millor determinats problemes de geometria, repara una màquina o llegeix millor les instruccions per arranjar-la, i una dona, en general, llegeix millor la personalitat d'una interlocutora o interlocutor, comunica millor els seus sentiments, té més traça per pensar i fer diferents coses a la vegada i pot aportar més imaginació a l'hora de resoldre problemes aparentment insolubles.

Bé, anem a pams, les diferències entre els gèneres —homes i dones— les hem d'anar a pouar en la interacció de certes hormones i el cervell masculí o femení, ja que hi ha una connexió ben estreta entre la presència de determinades hormones sexuals i l'estructura cerebral. Cada dia ho veiem més clar, tots i totes hem estat condicionats o condicionades pel desenvolupament bioquímic durant el període prenatal. El nostre cervellet embrionari, exposat a un bany d'hormona masculina —testosterona— com a conseqüència de la informació genètica continguda en el nostre bagatge cromosòmic que havia fet aparèixer els testicles, ens condicionarà. És molt possible que la major presència —o absència— de testosterona condicioni l'organització —la xarxa— dels circuits cerebrals i el processament de la informació, i, com a conseqüència, no només induirà comportaments sexuals diferents, sinó també actituds diferents davant dels altres, reaccions o sentiments diferents.

La manera com ha estat teixit el canemàs cerebral forneix una explicació ben plausible del perquè, homes i dones, pensem una mica diferent, veiem el món amb ulls diferents i ens comportem amb actituds i emocions força diferents. És ben veritat que la biologia no ho decideix tot, ja que la cultura i el context social també hi tenen el seu paper, però el que també és ben veritat és que no deixarà mai d'influir en el nostre comportament. Si la biologia ens condiciona, moltes de les diferències ens vindran de la informació rebuda abans de néixer. En realitat, tot comença en el moment mateix de la concepció.

Segons les lleis de la probabilitat, l'embrió concebut, masculí o femení, té més probabilitats de ser nen. El sexe depèn de l'esperma del pare, ja que cada espermatozou que entra a l'úter té un cromosoma X o un d'Y. Si el que fecunda l'òvul és el que porta un X, tirarà endavant una nena i si a l'embolcall hi ha un Y, serà un nen. Els espermatozous amb X neden més lentament carregats amb el pes més feixuc del cromosoma femení que conté uns mil gens, mentre que la conducció dels Y és més lleugera pel fet que el masculí només embolica uns cent vuitanta gens i en un entorn àcid com el de l'úter la velocitat és força important i la lleugeresa concedeix un cert avantatge. Sembla que en el moment de la concepció hi ha un vint per cent més de nens que de nenes.

Encara que tinguin sexes oposats, els embrions masculí i femení són ben bé iguals fins a les sis setmanes de vida. De fet, hem de dir que els dos són femenins per defecte. Després, si s'escau, en l'espai d'unes hores es produeix quelcom fascinant. Al fardell d'ADN fornit pel cromosoma Y hi ha un gen molt especial anomenat SRY encarregat d'alliberar una proteïna que en unir-se a l'ADN provocarà un gran enrenou. Ben aviat, aquesta proteïna recalarà en tots els racons i raconets de les cèl·lules del cos i vet aquí com en aquesta obra arriba l'hora dels testicles i aquestes peces fonamentals es posen a punt. Els testicles produeixen testosterona a l'engròs i en unes poques hores envaeix el fetus i comença a intervenir en el govern del desenvolupament del cervell. El gen SRY conté l'essència de la masculinitat.

És el moment determinant de la formació dels dos sexes, el veritable punt de bifurcació. Sense testosterona els òrgans genitals femenins segueixen el seu desenvolupament, però el nen entre les set i les dotze setmanes del camí de l'embaràs té el mateix nivell de testosterona que un home adult. Aquesta pujada explosiva desencadena la formació dels genitals masculins. Ara bé, la testosterona té un altre efecte, encara poc conegut, que contribueix a augmentar el grau de fragilitat del fetus. Tant és així que, en cas d'un accident traumàtic de la mare, la possibilitat de perdre la criatura és molt més gran si es tracta d'un nen que d'una nena, i el nen té més possibilitats de tenir seqüeles de qualsevol maltempsada de la mare durant l'embaràs. El fetus masculí té més risc de lesions cerebrals, paràlisi motriu o deformitats que el femení. Tant és així que d'aquells cent vint nens per cada cent nenes que hi ha en el moment de la concepció, en el moment de néixer la natura ja gairebé els ha igualat.

Hi ha alguns signes que semblen fer veure més maduresa en les nenes que en els nens ja poc després de néixer. Qui sap si la testosterona ja fa de les seves i no té un efecte alentidor en afavorir el desenvolupament dels músculs però no tant el de les neurones. Molts pares i mares i pediatres coincideixen a afirmar que les nenes són més despertes i més vives que els nens, que semblen més distrets i més perduts. En el moment de néixer, els cervells de nens i nenes només pesen una quarta part del que els pesarà quan siguin grans. Als sis mesos aquests cervells ja han desenvolupat milions i milions de noves connexions i nens i nenes ja comencen a comportar-se de manera ben diferent. Una qüestió apassionant és la d'escatir la proporció que hi ha d'innat i d'après en aquest comportament.

Quan venim al món, no som pas un full en blanc, neixem amb una ment masculina o femenina, segons pautes programades a partir de la constitució genètica, i del bany hormonal a què hem estat sotmesos, de manera que a les poques hores de néixer si ets nena ets més sensible al tacte que si ets nen i també ets més sensible al so —fins a cinc vegades més— i a l'olor. En general, si ets nena respons amb més sensibilitat a tots els estímuls sensorials. I aviat t'interesses molt per les cares. Més endavant hi veuràs millor en la foscor que si ets noi i oferiràs més reacció al dolor. La sensibilitat, en pressionar qualsevol part del teu cos, serà més gran i gaudiràs d'un nas i un paladar més receptius i sensibles. A més a més, i això és molt important, exhibiràs molt més interès per comunicar-te amb la gent.

Als tres o quatre dies de néixer, les nenes tenen més del doble de contacte visual. Això sí, despert, sembla com si el cervell masculí fos programat per a l'activitat, de manera que tan bon punt s'aguanti dret, el nen ja començarà a pujar i baixar esglaons, cadires o sofàs i a furgar endolls o prémer botons. Pel que fa a l'adquisició del llenguatge, les evidències empíriques ens presenten les nenes amb un cervell molt organitzat, ben aviat, per a la llengua. S'engeguen a parlar una mica abans, fan més aviat frases curtes i construeixen abans frases llargues i complexes. Tenen un vocabulari més extens i més ric i pronuncien i entonen millor.

Tot un reguitzell d'estudis ofereixen dades fefaents sobre com entre els deu i els dotze anys les nenes són molt millor en memòria visual, escriptura i comprensió escrita. Les dones, en general, són millor en tot el que tingui a veure amb memòria verbal i en l'habilitat per trobar la paraula precisa en el moment adequat i la seva expressió és més rica i més ajustada. De tot el que acabem de descriure, no caldrà rumiar gaire per deduir-ne, per exemple, que l'escola, tal com la coneixem, resultarà un espai més harmònic amb les competències de les nenes que amb les dels nens, fins al punt que el sistema de normes —amb la disciplina al capdavant— d'una bona part de l'escola pot resultar força antinatural per les aptituds i les inclinacions del nen en l'edat escolar.

La importància donada al llenguatge i a la comunicació, el fet de ser determinant l'adquisició del codi de l'escriptura que les nenes també dominen abans, i el poc ús —com a activitat escolar— de la manipulació de l'espai, fan la classe com més natural per a les nenes tal com el pati o el camp obert poden ser més naturals per als nens. Per això molts més nens queden despenjats en els primers anys d'estudis. Quatre vegades més nens tenen problemes de lectura i d'escriptura i el nen, en general, assoleix les habilitats verbals bàsiques —i fonamentals a l'escola— un pèl més tard que la nena, si bé també és ben cert que pot usar amb èxit la seva major capacitat per generar idees diferents i relacionar-les.

Entre les històries que inventen els nens, poques n'hi ha que facin referència a mestres, classes, escoles o tenir cura de persones mentre que les nenes ho fan força i fins i tot, sovint, juguen a fer classes, a fer de senyoretes, d'infermeres, de mares o de perruqueres, des de ben petites. Les històries dels nens són plenes d'acció, de premis, de revenges, de cops i de corredisses, les de les nenes d'amistat, de cuidar, de cooperació, de relació i d'afecte, i la reproducció de la parla hi té un lloc de privilegi. Sí, imiten molt sovint els parlars i poques vegades els sons relacionats amb animals, màquines —trens, motos o avions— o fenòmens naturals que tant d'enjòlit desperten en els nens.

Al pati, mentre les nenes, juntetes, poden començar a fer una mica de safareig, intercanvi de secrets, etc., els nens cerquen camins, corretegen, organitzen equips, competeixen fins a arribar a barallar-se i donar-se puntades, un mastegot o alguna esgarrapada. Les crostes de petites ferides sempre en són un bon signe. Sembla com si l'augment de la força física i de l'energia, conseqüència directa de la testosterona, la canalitzessin a través de jocs d'acció, competició, domini i lideratge. Afegim-hi que aquesta hormona masculina agilita les habilitats visuals i espacials que no només permeten de sortir més fàcilment d'un laberint, harmonitzar l'ull amb la mà o el peu per manipular un manillar, controlar una pilota o posar en coordenades i situar de seguida un objecte en l'espai i llegir-ne totes les cares, sinó també fer el salt a l'abstracció i volar cap a les propostes més teòriques. Tot amb tot, tal com ja hem dit, els nens amb força energia a qui s'obliga a quedar-se en una aula, fàcilment poden esdevenir hiperactius, frustrats, distrets i impacients. Les nenes tenen més paciència, una gran virtut, cosa que les fa ser molt més acurades amb els objectes del seu entorn i ens fa pensar que tenen un sentit de l'ordre més desenvolupat.

Ara bé, si posem una colla de nens i nenes de dotze anys a dibuixar un objecte d'una certa complexitat com una bicicleta, ens adonarem de seguida de com els resultats són força espectaculars. Gairebé ni tan sols les nenes que frueixen d'anar en bici han estat capaces de dibuixarne una amb cara i ulls. En canvi, els nens semblen tenir un avantatge natural. Quan, en arribar la pubertat, la testosterona torna a obrir l'aixeta i a fluir a dojo pel cervell, els nens són clarament millors per al dibuix geomètric i mecànic i per a totes les disciplines i activitats de tipus tècnic. Aquesta observació la podríem fer arreu del món i sigui quina sigui la cultura, amb independència del seu desenvolupament.

Hi ha fets ben constatables: una lesió en determinats llocs del cervell fa que hi hagi entre tres i quatre vegades més homes que dones que perdin la capacitat de parlar. Una lesió en el mateix lloc deixa més malmeses les habilitats comunicatives als homes que a les dones. Els cervells de l'home i de la dona tenen més o menys la mateixa forma, però el masculí està més compartimentat. El cervell masculí comença a especialitzar-se ja dins de l'úter i en ser l'estrogen l'hormona afavoridora de la connectivitat neuronal tant en l'home com en la dona, vet aquí que les nenes, en néixer ja vénen al món amb moltes més connexions. ¿El cervell de l'home és més especialitzat? Sembla que sí, i que com més femení és el cervell més difuses i més diversificades són les funcions cerebrals.

La facultat de llenguatge resideix a l'hemisferi esquerre mentre que l'àrea de l'espai, del processament de les informacions relacionades amb l'organització de l'espai, s'ubica a l'hemisferi dret, on també hi resideix, per exemple, tota la maquinària que fem servir per realitzar una activitat tan fascinant com la de reconèixer les cares. Hi ha evidències empíriques que mostren que en el cervell masculí totes les àrees estan com molt més clarament delimitades. El fet que el cos callós —l'istme autopista que comunica els dos hemisferis del cervell— sigui entre el deu i el quinze per cent més espès, més bulbós i més ampli en la dona fa que l'intercanvi d'informació entre un hemisferi i l'altre sigui més ràpid i més ric, cosa que probablement explicaria el vell tòpic de la intuïció femenina.

Aquest molt ràpid intercanvi d'informació entre els dos hemisferis, probablement, hauria estat conseqüència de la pressió adaptativa de la nostra espècie al llarg de l'evolució. Dos fets de la vida de les femelles homínides haurien estat determinants: l'aparellament i la maternitat. En ambdós casos era fonamental el poder processar molta informació procedent de canals diversos. Per a l'aparellament calia llegir ben bé tots els indicadors d'aptituds físiques i mentals per fer una bona tria. Llegir la salut o la joventut pot ser més o menys fàcil, però la intel·ligència social, la competència emotiva, l'amabilitat, la creativitat, la fidelitat o la paciència calia interpretar-les de manera indirecta, la qual cosa demanava una gran capacitat per processar informacions procedents dels canals més diversos. Quant a la maternitat, la necessitat de processar la informació resultant de la cara i el cos d'un nadó hauria pressionat fort el cervell femení.

Un nadó és un ésser extraordinàriament fràgil i en

unes condicions com les existents fa dos o tres o quatre milions d'anys, la seva supervivència dependria de detectar qualsevol signe de malura en el seu cos en un espai molt reduït de temps. Em sembla que en aquestes causes hi rau la clau del fet que les dones tenen una competència tan gran en la percepció i interiorització de qualsevol signe relacionat amb l'expressió de la cara, la significació de la mirada, la d'una flaire o la de la modalitat d'una veu, d'un plor o d'un sospir. És un motiu més que suficient perquè la naturalesa invertís tant en l'eixamplament de l'autopista interhemisfèrica del cervell de les dones.

I això permet, sobretot, no tant detectar o percebre signes com connectar i processar informacions procedents de percepcions diferents, i tot plegat en una fracció molt reduïda de temps per generar respostes globals que permetin de prendre, ben de pressa, decisions encertades. Sense cap mena de dubte, la majoria de les dones poden integrar i interrelacionar perfectament les informacions visuals i verbals. En ser tan global la competència emotiva, la dona fàcilment transmet millor al llenguatge no només el toc sinó també el regust de les emocions. Sí, integra molt millor les emocions al comportament verbal.

Tal com hem vist, venim al món amb cervells programats de manera una mica diferent, cosa que comportarà desenvolupar estratègies diferents a l'hora de viure i d'enfocar la vida. Ens hem referit a com les dones manifesten i despleguen abans les habilitats comunicatives i com, a més de gaudir de certs avantatges verbals, també emeten i entenen millor el fantàstic reguitzell dels signes corporals. Al mateix temps, els homes tenen en la vista el sentit clau com a configurador d'ordre dins l'espai i dins el seu món sencer. Molt probablement, en els darrers tres milions d'anys hi ha hagut una pressió evolutiva molt forta a favor d'aquests programes diferents. Els mascles que es movien millor per senderoles poc transitades, que sabien rastrejar, que s'orientaven millor, que sabien sortir dels laberints, sortejar els paranys, o eren capaços de resoldre amb èxit el problema de tocar un animal des de lluny amb un roc per la bona coordinació entre vista, moviment del braç i control de l'espai, no només sobrevivien més, sinó que gaudien d'un estatus superior i, per tant, d'un indicador d'excel·lència en el mercat de les relacions socials.

Aquesta dominància excepcional de la vista en els afers dels homes s'explica en gran part per la presència de la testosterona que afecta i molt el desplegament d'habilitats relacionades amb aquest sentit. Un bon nivell de testosterona forneix també de la seguretat i agressivitat necessàries per tirar endavant en moments de dificultat, cosa que posa els homes en millors condicions per afrontar un perill imminent o una situació de risc. I les dones capaces de detectar el mínim signe d'insatisfacció, malaltia o necessitat del nadó per un soroll, un so, una olor, un petit contacte o una palpadeta feta en el lloc adequat, criaven millor la seva fillada i contribuïen a la supervivència dels seus propis gens. Ja molt abans haurien sabut realitzar de manera exitosa l'acte fonamental d'escollir la parella adequada per col·locar els gens en la següent generació. La naturalesa afavorí i premià amb escreix aquestes habilitats i les convertí en la base d'estratègies exitoses d'adaptació a la vida. I vet aquí com, segurament, els vincles de la parella van potenciar l'harmonització dels avantatges i la família, com a organització emergent, verificà de manera fefaent que el tot és sempre molt més que la suma de les parts.

Insistim-hi encara una mica més: les dones desplegaren tot el ventall d'habilitats per interpretar els signes no verbals —a part de detectar les necessitats dels fills— pel fet que les nostres avantpassades homínides van haver de resoldre un problema molt i molt complex i important, el de la tria, el de seleccionar el mascle adequat per posar-li a les mans el seu tresor genètic, i els gens d'aquelles que van aconseguir de llegir correctament els signes de la personalitat d'un futur company van conviure més en els seus fills i les seves filles. Aquí rau el veritable èxit de les estratègies de seducció. De seduir per contactar, per festejar, per enamorar i enganxar per viure en comú a fi i efecte d'afavorir la supervivència dels descendents. Em fa l'efecte que no sóc gaire agosarat si afirmo que l'emergència de la parella com a unitat familiar correspon a un gran èxit de les estratègies de la seducció. Estratègies que tingueren una conseqüència insòlita, la del compromís dels mascles en la criança de la canalla.

La natura hi posà molt, hi invertí a dojo, en aquestes estratègies, i va fer circular pels cervells informacions canalitzades a través de certes substàncies de naturalesa bioquímica que orientaven els recorreguts i afavorien els contactes i els enganxaments, els vincles, i per això les dones desplegaren una excel·lent sensibilitat per a les relacions interpersonals, pels lligams, i per navegar dins la complexa xarxa dels afectes, les emocions, les afiliacions, les obligacions i les responsabilitats respecte dels altres. Tot plegat guiat per les grans fletxes de la natura, lligades a la línia orientada del temps, la necessitat d'aparellar-se, d'acoblar-se, i la d'esquerar-se i de sobreviure en els fills i les filles. Per tot això sempre em fa goig d'afirmar que la dona ha fet una inversió més gran en els valors de la comunicació. I, d'alguna manera, les dones d'avui cobren els interessos del pla de pensions comunicatiu que van posar les seves avantpassades.

Si més amunt ens fixàvem que els cervells dels nens i els de les nenes ja eren una mica diferents en néixer degut a l'acció de les hormones sexuals, també hi hauríem d'afegir que després de venir al món, i fins cap als onze o dotze anys, la taxa d'hormones sexuals és baixa tant en ells com en elles, i per això els seus cossos encara s'assemblen força si bé el seu cervell, el més pesat i més actiu de tots els primats, no ha deixat d'aprendre per preparar-los per a l'edat adulta. A part de desplegar habilitats innates que els han permès d'adquirir el llenguatge i moltes altres competències, també han interioritzat coneixements, pautes de comportament i estereotips procedents de l'entorn que els envolta. En qualsevol cas, molts d'aquests estereotips no tenen a veure directament amb la biologia, sinó amb l'experiència de la vida i el comportament de moltes persones de la seva cultura.

De totes maneres, l'arribada de la pubertat provocarà un rebombori tan gran que les coses ja seran molt diferents per tota la vida. Per primera vegada es produeix un augment considerable de les hormones sexuals i, en aquest moment, l'aparell reproductor dels nois i el de les noies no podrien ser més diferents. Aquestes hormones no només canviaran els paisatges corporals, sinó també les pautes de comportament. Nois i noies tenen maneres molt diferents de produir les seves cèl·lules sexuals. Així, la dona les produeix totes molt abans d'abandonar el ventre de la mare. Cada nena neix amb oòcits més que suficients per tot el seu període de fertilitat, gairebé tres milions, i cadascun d'ells és una mescla única dels gens dels pares, si bé a poc a poc moren i quan arriba el moment màgic de la pubertat n'hi queden uns quatre-cents mil. La reserva continuarà minvant fins que a l'arribada de la menopausa al sarró ja n'hi trobem ben poquets. En les diferents ovulacions al llarg de la vida n'haurà consumit poc més de quatre mil.

L'oòcit és la cèl·lula més gran del cos d'una dona i l'ha

desenvolupat així per poder abastir l'embrió del nodriment necessari en els seus primers dies de vida. Vet aquí que la cèl·lula femenina té una funció nutritiva —donadora de vida— des de la seva concepció. Aquestes cèl·lules, tan ben guardades en el tabernacle del cos de la nena, començarien a fer el seu paper amb l'esclat de la pubertat que trasbalsa el comportament de les noies. Passada la fita màgica, un punt crític de la massa corporal de la nena, el cos obre l'aixeta dels estrògens i tindrà la primera regla. Els estrògens causen una dràstica reducció de la taxa de metabolisme i contribueixen a crear una fina capa de greix a l'entorn del cos, a fer emergir els pits i a arrodonir les natges i els malucs de manera que la natura omple d'atractius el paisatge corporal de les noies a fi i efecte de sadollar les preferències dels nois que ja són homes. Els estrògens irriguen també diferents contrades del cervell femení i les noies es formen cada cop més obertes, més hàbils socialment i, per damunt de tot, es deleixen per comunicar-se. L'instint de la seducció és a punt per desplegar tots els seus poders.

El nen, en canvi, inicia el viatge de la seva vida sense cap cèl·lula sexual i no és fins a la pubertat que no comença a produir els espermatozous. Durant la pubertat la testosterona assoleix uns nivells tan elevats com els que tenia en el ventre de la mare i un efecte contundent sobre la fesomia del cos i sobre les pautes de comportament. Les espatlles s'eixamplen, augmenta molt la força física i desperta en ells l'esperit del risc i un gust per les emocions fortes mentre la barba va posant pèl i el to de veu es fa cada vegada més greu. Tendeixen a dissimular els sentiments excepte quan s'enfaden de valent i, molt probablement, això és així pel fet que els hemisferis dels seus cervells no estan tan ben comunicats com els de les noies i encara més, algunes parts de l'interior de cada hemisferi de cervell de l'home tampoc no estan tan ben connectades, fet que permetria de contenir millor l'expressió de les emocions.

Pel que fa a la producció de cèl·lules sexuals, el noi en produeix a cor que vols, a dojo. L'estratègia masculina és produir, en els testicles, milers i milers de milions d'espermatozous, cadascun codificat de manera diferent, la meitat femelles i la meitat mascles. La producció és tan gran que en una vintena d'ejaculacions hi ha esperma suficient per fecundar totes les dones fèrtils del món. Al llarg d'una vida humana hi haurà, com a mínim, un milió d'espermatozoides per oòcit. Probablement, aquest desequilibri entre quantitat i qualitat de les cèl·lules sexuals dels homes i de les dones explicaria l'actitud tan diferent que tenen ells i elles a l'entorn del sexe i de les relacions sexuals i, per extensió, del comportament social. Tant és així que quan s'atansa l'edat adulta, els nois i les noies són més diferents que mai. Són hereus i hereves de molts atributs que en un passat llunyà els ajudaren a sobreviure i ara ja es troben davant del seu gran repte: com atreure i comprendre l'altre. I aquesta serà la gran preocupació de la resta de la seva vida.

GRAMÀTIQUES DEL PLAER, REFINAMENTS AMOROSOS I ESCLAT DE LA CONSCIÈNCIA I EL LLENGUATGE

Dèiem al començament que l'emergència de la diferenciació sexual, del sexe, atorgà a la comunicació el paper principal en el gran relat de l'evolució. No ens ha de semblar pas gens estrany que avui la paraula *sexe* sigui la més buscada a Internet en totes les llengües ni que el nombre de pàgines web en relació amb aquest tema sigui el més nombrós, ni que el negoci de l'audiovisual, en totes les varietats de forma i contingut, el tingui com la més lluminosa de les estrelles del seu firmament. L'atracció sexual mou el món, la continuïtat de la vida i, per tant, de la informació, la força més preuada de l'univers, en depèn ben directament i, per això, des del més proper a nosaltres fins al més llunyà que ens pot arribar a través de la imatge és capaç de trasbalsar-nos quan hi ha el sexe pel mig.

Res del sexe no ens deixa indiferents perquè no hi pot haver indiferència. L'atracció sexual la desencadenen moltes forces misterioses, algunes de les quals ara mateix, o d'aquí a una estona, poden estar en acció davant dels nostres nassos o dels nostres ulls. L'aire pot estar ple de molècules eròtiques que sense saber com ens arriben al nas a casa, en un lloc de trobada, al bar, a la feina, a classe o a la biblioteca. Els nostres cossos, arribat el moment, segreguen unes substàncies anomenades *feromones* que poden arribar a tenir un efecte contundent sobre una persona de l'altre sexe. Són uns missatges químics fascinants, emesos per sota del llindar de la consciència. No ens n'adonem, però quan surten de la nostra pell i comencen a omplir l'aire, l'altra persona pot quedar ben enganxada. Tant és així que les feromones naturals d'una noia, d'una dona, poden arribar a fer augmentar el nivell de testosterona d'un noi, d'un home, en gairebé el cent cinquanta per cent, és a dir, el poden posar a cent cinquanta, cosa que li produeix una natural sensació d'excitació. Algunes feromones masculines tenen el mateix efecte sobre les dones.

Des de fa milers d'anys, qui sap si desenes o centenars de milers d'anys, les persones han aplicat al seu cos, a determinades parts del seu cos, substàncies capaces de desprendre aquesta mateixa missatgeria, per complementar la pròpia, i que pot afegir atracció i contundència a la persona que en fa ús. Dels resultats, el sarró de les nostres experiències n'és ple. L'esforç de la perfumeria i de la cosmètica és el d'oferir al nostre cos tots els indicadors de l'atractiu mitjançant el poder de tot un univers de missatges generats per la gramàtica de la seducció amb mots naturals o sintètics de la més provada efectivitat. La maquinària química de la seducció, el braç empresarial de l'instint de la seducció, mou avui una part considerable de l'economia mundial. Qui sap si el nou Dorado ara no és més que el perfum, la missatgeria, de la seducció total. Això sí, d'aquesta fragància utòpica en coneixem alguna de les substàncies que hauria d'incloure. Sense anar més lluny hi haurem de posar almesc, aquell màgic producte obtingut de feromones naturals, animals, del que ja en parlen textos sagrats antics com el *Càntic dels càntics* de Salomó, veritable apologia del món de la cosmètica i del perfum com a inductor i multiplicador dels atractius. És un dels llibres bàsics de la biblioteca de la seducció.

Entre els heterosexuals l'interès per l'altre sexe és recíproc si bé són un pèl diferents les formes d'actuar davant l'atracció. Que el sexe interessa tant a homes com a dones en podria donar fe el resultat d'una enquesta feta a la Unió Europea segons la qual dos de cada tres europeus pensen diàriament una estona en el sexe mentre que entre les dones són dos de cada cinc. Ambdós sexes tenen un interès i unes ganes de tastar-lo ben comparables, si bé no ho expressen de la mateixa manera. El desig sexual desencadena una sèrie d'esdeveniments que afecten i molt el nostre paisatge corporal: un roig viu se'ns emparra cap a les galtes i els llavis que s'inflen i ens omplen de signes de desig pertot arreu, les pupil·les es dilaten i la circulació de la sang accelera el seu ritme mentre el cos comença a transpirar i la missatgeria química aixeca el vol per fer ploure molècules d'incentiu damunt la cara i el cos mentre el desig de l'altre agafa valors asimptòtics.

Els missatges del cervell arriben a l'engonal a través del sistema parasimpàtic i tenen un efecte espectacular sobre els músculs que controlen la circulació de la sang pel penis i per la vagina. El sistema muscular i el circulatori, en una actuació conjunta d'allò més coordinada pel cervell, ens poden posar en un tres i no res a punt de tocar el cel amb tots els sentits. Tant és així, que estudis recents de psicologia del sexe semblen voler engrandir l'èpica de l'atractiu i l'atracció entre persones en fer circular informacions extraordinàries en el sentit que si deixaven sol el sistema parasimpàtic, al seu lliure albir, aquest sistema nerviós mantindria els homes i les dones en un estat d'excitació permanent. Sort, diguem-ho així, que el sistema simpàtic actua d'apagafocs, i com a complementari ideal dels automatismes del parasimpàtic opera com un veritable fre sexual. Vet aquí, per tant, que en temps normal, el cervell es fa un fart de treballar, sense descans, per mantenir el penis en repòs i la vagina, encara que l'efecte sigui menys visible, encalmada.

De tot el que acabem de dir, gairebé se'n dedueix que nosaltres, homes i dones, hem vingut al món a festejar i, si hi pensem bé, qui sap si no ens adonarem aviat que aquesta afirmació no va tan desencaminada. Sí, neixem per festejar i per això tan sovint les situacions més normals de la nostra quotidianitat poden agafar un caire tal que un observador objectiu —si és que n'hi ha— les podria llegir com a situacions de seducció. I això a l'oficina, al bar, a la sala d'espera del dentista o a la sortida de missa major. Portem a dins del sarró tot un mostrari de postures i gestos que usem de manera semiconscient, o per sota del llindar de la consciència, per seduir. Ens apartem amb els dits o amb la mà el cabell de la cara per fer veure encara més la lluentor dels ulls, la lluïssor de la pell i els efectes del moviment i del tacte, fem petites capcinades, lleugers moviments de rotació i translació del cap —les transformacions geomètriques més engrescadores— sacsegem suaument el cos i traiem pit alhora que arquegem una mica l'espatlla. Aixequem les celles, obrim els ulls de bat a bat i omplim de misteri aquell petit toquet amb els dits, tenyim la veu dels matisos més tendres i llancem uns somriures que com espurnes són capaços d'encendre el foc dels desitjos sexuals d'algú encara que no sigui en absolut la nostra intenció. No caldria pas ni esmentar que tota aquesta meravellosa munió de signes, altrament ben elementals, gestos, sons, mots del nostre comportament són ben propis del flirteig, del ritual de festejar, del llenguatge de la seducció i són universals.

A més a més i ben sovint aquests rituals ens adollen de plaer, ens agraden i ens engresquen, ens motiven i ens fan tocar la felicitat amb els dits. La natura sencera es mou regida pel principi del plaer i la vida no deixa de ser un sistema de sistemes governat per les regles del plaer. El plaer ens aviva l'enginy, ens espavila i ens accelera el flux de les idees i de les imatges i sense plaer se'ns fa difícil aprendre i, per tant, difícil de fer res. Per això no és gens estrany que un reguitzell de gestos, moviments del cos o mots aparentment trivials pugui encendre'ns un castell de foc amb les emocions més positives, i per això les activitats agradables, ja sigui en el festeig o en les relacions d'afiliació, són tan útils per a la conservació de l'espècie. El plaer en la comunicació és el regal més preuat que se'ns ha fet mai. I n'hem de gaudir tant com puguem. En cap altra activitat la relació entre cost i benefici està tan decantada a favor nostre.

Tots els animals tenim el nostre grau d'exigència a l'hora de contactar. Ara bé, a molts d'ells, si el ritual s'allarga massa, la situació els pot posar en seriosos compromisos, ja que tot fent camí poden passar a esdevenir el millor banquet a la taula d'un predador, fins i tot durant l'acoblament poden resultar el millor dels desitjos de la boca del predador que fa salivera només de pensar que tindrà premi doble en una sola jugada. Per això serà tan important reduir costos per optimitzar la relació de manera que l'atracció instantània permet als mascles i a les femelles anar per feina i centrar les seves precioses energies en el festeig de certs individus i iniciar el procés reproductor ben ràpidament. Qui sap si els humans no haurem heretat aquesta fal·lera a través d'allò que en diem *amor a primera vista*. Al cap i a la fi, l'atracció a primer cop d'ull, a primer cop de missatge químic, la primera flaire, és molt i molt estesa en el món animal. I en aquesta atracció animal sembla que hi té un paper clau una substància que acabarà per provocar les turbulències més engrescadores de les ments enamorades.

Amb l'amor l'atracció guanya en complexitat. Harmonitza tot l'univers de les sensacions, les emocions i les raons i és exuberància, plenitud, tendresa, compassió, afany de possessió, paciència i impaciència, imaginació i càlcul, èxtasi, adoració, enyor, desesperació i benaurança; és un seguici de necessitats, sentiments i lògiques canviants a l'entorn d'aquella informació que ocupa tot el nostre espai mental, la relacionada amb l'ésser que ens torna bojos de deler, d'esperança o de satisfacció. Això sí, en el rerefons d'aquestes cabòries trobem aquell filtre, aquella substància, la dopamina, que forneix i adolla l'energia, l'eufòria, l'atenció concentrada i la motivació necessàries per aconseguir una recompensa única, una de les claus de l'espai dels plaers, una de les forces implicades en la seducció, que mou la vida i el món, capaç de reescriure en el cervell animal els signes gratificants més esplendorosos que la natura ha pogut dissenyar mai.

D'aquella atracció animal que la natura dissenyà per assegurar la continuïtat de la informació i d'aquell primerenc instint de seducció que actua de mecanisme de realimentació veritablement enlluernador n'ha emergit aquest fenomen de la més gran complexitat que anomenem *amor* i que, en realitat, correspon a tot un procés, el procés d'enamorament, a través del qual el cervell humà passa per una de les turbulències que el posen en disposició de ser més creatiu. Aquest viatge de la persona pels vells i més bells camins no lineals de l'amor, que iniciem amb el bagatge aportat per milions i milions de generacions que han deixat la seva empremta en el nostre cervell, té un punt de partida en el desig, aquest fòssil dipositat en el cervell amb la finalitat de motivar-nos per cercar la unió amb una parella més o menys escaient.

El desig ens fa posar les veles a punt per sortir a fer el nostre especial viatge cap a Ítaca, el camí que la natura ens posa davant per enfortir-se i afermar-se en un espai on tot és esmunyedís i fugisser. Quin punt d'acumulació de vida més excitant no hi ha en el desig! Ara bé, el desig ha de ser puntual, no duratiu, ja que ha de conduir a la tria i quan aquesta sigui feta ja s'instal·larà la durabilitat en els nous paisatges de l'amor, si voleu en l'amor romàntic, un altre fòssil que l'evolució ha dipositat en el nostre cervell amb la finalitat d'impulsar-nos a centrar tota la nostra atenció en una persona objecte de les nostres preferències, i estalviar-nos el cost en temps i energia que hauríem d'esmerçar en afers amb passavolants, per concentrar-nos en el festeig amb un sol individu durant una llarga temporada. Sense cap mena de dubte, el fet amorós està perfectament instal·lat en l'arquitectura, en els circuits i en la química dels nostres cervells.

Pel que fa a la química, em sembla que no cometrem cap sacrilegi en considerar aquell sentiment d'eufòria, de pèrdua de la gana i de la son, com també d'un sobreeiximent de l'energia, de guanys espectaculars en atenció, concentració, motivació i comportaments orientats a un sol objectiu, focalitzats amb la tendència a considerar l'objecte de l'amor com una cosa nova i única, i, fins i tot l'augment de la passió quan s'enfronta a l'adversitat, que tan bé caracteritza la persona enamorada, que viu una fascinant turbulència afectiva, tenen a veure, en part, amb un increment dels nivells de dopamina i norepinefrina, dues de les substàncies de l'amor.

Quant a l'arquitectura cerebral, una colla d'experiments consistents a visualitzar les imatges de l'activitat cerebral de persones pregonament enamorades quan els ensenyen fotografies de la seva parella ens han fet veure que hi ha unes zones del cervell especialment actives i que llueixen de manera enlluernadora en la ment de l'enamorat o enamorada mentre pensa en l'objecte del seu amor. Una zona que llueix amb llum pròpia és l'anomenat *nucli caudat*, un veritable estel de l'univers cerebral de l'amor. Aquesta és una zona molt especial que forma part de la xarxa que controla l'excitació sexual, les sensacions de plaer, la motivació per obtenir recompenses i, alhora, planifica els moviments i les accions específiques per aconseguir-les. Altres àrees cerebrals veïnes com el *septum*, el *nucleus accumbens* i la *tegmental ventral* estan relacionades amb detectar novetats i cercar recompenses, les dues forces que dirigeixen la tria de l'espai on posem l'atenció.

L'engranatge de la recompensa produeix plaer i assigna un valor emocional a un estímul, que a més l'emmagatzema en un lloc especial de la memòria.

Si abans explicàvem que tot el sistema de recompensa i de plaer gira, principalment, a l'entorn de l'eix de la dopamina, hem de dir que l'àrea tegmental ventral és el niu on nien les cèl·lules generadores de la dopamina i que després es distribueixen per altres zones com el nucli caudat, el septum o el nucleus accumbens veritables palauets del plaer i que recomanem de visitar encara que només sigui de tant en tant. Després de conèixer aquestes zones no ens ha d'estranyar res del que els passa als amants, que poden arribar a realitzar els actes més inversemblants, de bogeria a vegades, i tot com a estratègies creatives encaminades, encara que no en siguin conscients, a centrar la seva atenció en el premi més important de la seva vida, aconseguir, amb la seva parella, de lliurar el seu ADN pels camins de la immortalitat.

Les evidències empíriques en la visualització de l'activitat cerebral fetes molt recentment mostren que a mesura que el procés d'enamorament, amb el pas d'un temps prudencial, arriba a zones atemperades, de serenor afectiva i quan les grans turbulències afectives ja s'han apaivagat, sovintegen més les visites a d'altres habitacles del cervell com l'escorça cingulada anterior on les emocions, l'atenció i la memòria de treball teixeixen el vestit del manteniment dels lligams, de la relació. Si us plau, no passem pas del palau del plaer al balneari, però sí a la casa de la memòria de futur. Algunes estances estan relacionades amb estats de felicitat, altres les associem amb la consciència mateixa dels nostres estats emocionals i amb la reflexió. Són estances amb miralls per on veiem passar els nostres sentiments i des d'on exercim la capacitat d'avaluar els sentiments d'altres persones durant la interacció social. És la casa on habita l'empatia i on fins i tot se'ns permet de desautomatitzar els nostres mecanismes de recompensa a fi i efecte d'examinar les nostres reaccions emocionals davant l'èxit o el fracàs, és a dir, ni més ni menys, per començar a auditar l'estat de les nostres relacions.

A mesura que una relació s'allarga, les àrees del cervell relacionades amb les emocions, l'atenció i la memòria comencen a respondre de manera diferent. ¿Què és el que passa? No ho sabem pas ben bé, ni si el cervell aprofita per consolidar i emmagatzemar els records emocionals, el caliu del foc dels moments més intensos de l'amor romàntic, per aconseguir l'energia suficient per viure la relació, ni si el que fa és servir-se de les emocions per estar pendent i analitzar contínuament la relació. Sabem que l'amor canvia amb el pas del temps i que un altre rerefons químic hi haurà de fer el seu paper. Les substàncies químiques com l'oxitocina o la vasopressina, relaxants i apaivagadores dels delers, dels focs i de l'ansietat han d'ajudar i molt a mantenir i enfortir els lligams necessaris per generar l'espai d'afecte que cal per a la cria de la mainada.

Ja he manifestat més amunt que no cometem sacrilegi de cap mena quan a partir de dades de la ciència cognitiva, la neurociència o la psicologia evolucionista, ens aproximem a l'amor, l'art, la moral o la religió. Avui ja podem mirar l'interior de la ment tal com en un altre moment van començar a mirar el cel o a escatir els secrets de la vida. Hem vinculat l'atractiu animal amb l'atractiu humà i amb l'amor romàntic i hem vist com el llenguatge de la bioquímica ajuda a reescriure'ls, i hem pogut insinuar una possible èpica de la dopamina que qui sap si un dia trobarà el seu Wagner per posar-li música. Aquesta molècula que estimula la sinergia entre funcions com les de recompensa, detecció de novetats, de presa de decisions, que afavoreix una comunicació sense entrebancs entre les neurones, la memòria i l'atenció, sosté la capacitat de formular conceptes nous mitjançant l'establiment de connexions entre els coneixements vells, els records. I resulta ser també el nexe entre la recompensa motivadora i els sistemes motrius facilitadors de l'activitat. A més, ens permet conservar la continuïtat de l'atenció, cosa que ens pot dur a tenir la gosadia de dir que la suma de memòria més atenció més motivació pot fer créixer la creativitat fins al punt crític que permeti l'acte veritablement màgic de fer emergir la consciència i el llenguatge.

De tot el que acabem d'exposar, se'n pot derivar ben fàcilment l'existència d'uns lligams ben estrets entre l'emergència de l'amor romàntic i el desplegament de les estratègies de creativitat en els processos de festeig, de manera que qui sap si entre els programes més estimulants dissenyats per al nostre cervell no hi hauria els que podríem anomenar *algorismes de festeig*, generadors de productes relacionats amb la informació veritablement apassionants. Per això només calia que els homínids desenvolupessin aquests trets per impressionar les seves potencials parelles. L'algorisme del festeig seria el millor recurs per guanyar en el joc de l'aparellament i per això aquells avantpassats capaços d'explicar històries enlluernadores, de dibuixar amb habilitat, ballar amb gràcia o imitar amb un bon sentit de la comicitat serien considerats més atractius i deixarien més descendència, que creixeria més eixerida, fins que, a la llarga, aquestes capacitats humanes quedarien enregistrades en el nostre codi genètic. Nosaltres hem heretat aquest gust pel talent lingüístic, les arts, la música o el sentit de l'humor.

Cap a finals del pliocè, en el llindar de fa dos milions d'anys, els homínids estaven del tot adaptats a la vida de la sabana africana. La seva capacitat d'organització els havia permès de guanyar la lluita contra la incertesa de viure en un nínxol ecològic com aquell al qual s'havien vist abocats per la conjunció de terrabastalls climàtics i geològics. Ja caminaven i corrien de forma àgil sobre dues cames ben fermes que aguantaven bé aquells cossos que movien amb gracilitat, cossos sense tant de pèl i que permetien de llegir i interpretar bé tots els indicadors d'atractiu, especialment els més relacionats amb el sexe, i amb unes mans cada cop més agafadores, tocadores, acariciadores, juganeres i creatives, i un cap amb un cervell crescut espectacularment i una cara més atractiva, com per fer-se mirar i enganxar les mirades per la capacitat d'expressar matisos d'emoció i de significat. Tot semblava que era al sac i ben lligat, ells i elles estaven preparats i preparades per al gran salt en la comunicació, la consciència i el llenguatge. La cultura ja era una propietat emergent de la biologia.

En aquelles condicions, amb uns cervells que gairebé s'havien duplicat, el desplegament d'una cacera cada cop més complexa, que demanava organització, unes eines força elaborades, el despertar dels usos del foc, vet aquí que les criatures cada cop naixien més indefenses pel fet que el canal pèlvic de les femelles ben adaptades a caminar dretes no es podia donar més i, per tant, posava unes limitacions molt clares al temps que tenia una cria de romandre al ventre de la mare. Neixien ben indefenses i a més a més caldria que aprenguessin moltes coses durant la infantesa a fi i efecte d'arribar a grans amb totes les competències ben assolides. És així que la pròpia adaptació pressionà força els nostres ancestres per trobar parelles amb les quals viure durant períodes més llargs de temps. I els individus s'esforçarien per diferenciar-se dels altres publicitant tots els seus atractius per atreure una parella que s'ajustés a les seves preferències.

Ben segur que l'instint de seducció sempre present al llarg de la cadena evolutiva es manifestaria tot enregistrant en els cervells homínids un algorisme de festeig i mascles i femelles començarien a desenvolupar aquesta capacitat única que constitueix el llenguatge i del qual ja haurien fet provatures moltes generacions anteriors, tot assajant diferents formes de protollenguatges. Ara n'explorarien els seus límits i tastarien les seves possibilitats en atractius actes d'imaginar històries, de descriure fets, d'assajar les escletxes de l'humor, a fi d'organitzar-se per sobreviure millor en aquelles planures desprotegides mentre anaven bastint uns nous circuits cerebrals plens de xarxes que no només permetrien desplegar aquestes habilitats, sinó d'apreciar i gaudir de l'ús que en feien els altres. I vet aquí com els joves i no tan joves pretendents usaven aquests talents per seduir, per festejar. Encara els usen avui per seduir, per festejar i per obtenir el poder i per mantenir-lo. Ara fa vint-i-cinc segles l'ull comença a desplaçar l'orella com a òrgan de processament del llenguatge i des de fa mig segle els mitjans electrònics aprofiten al màxim les il·limitades possibilitats que ofereixen les noves estratègies de seducció sobre cervells que van ser dissenyats per ser seduïts per la veu, la paraula, el cos i els seus moviments.

Em fa l'efecte que aquella major necessitat de cercar i triar una parella accelerà el procés de lligar les diferents formes d'atractiu al plaer i estimulà l'enregistrament en el cervell de la deliciosa xarxa del plaer que alimentava l'assoliment de determinats estats amb estones de goig i de gaubança capaces de recompensar tots els esforços. Hem vist com els circuits cerebrals del plaer restaven ben lligats a l'atenció, la motivació i la creativitat, cosa que ens ha de dur a afirmar que en l'acte de festejar hi hauria uns impulsos que portarien contínuament a explorar els màxims de creativitat en l'ús de codis que anirien del llenguatge a l'art i a la tecnologia. Aquells que impressionaven per les seves habilitats comunicatives i artístiques serien preferits. Les femelles estarien adelerades per unirse a companys enginyosos i espavilats capaços d'entretenir-les a elles i a la mainada. Elles també avivarien l'enginy per aconseguir que mascles eixerits s'avinguessin a fer una llarga estada al seu costat.

Aquells i aquelles que destacaren en explorar la complexitat del llenguatge, de l'art o de la tecnologia deixaren una fillada més gran i més preparada i ajudarien a fer arribar fins a nosaltres aquests talents exquisits. Un fet determinant va ser que a mesura que els nostres avantpassats mostraven les seves habilitats i els seus talents, aquelles que obrien ulls i orelles davant d'aquestes estratègies de festeig necessitaven cada cop més riquesa de percepció, de força de raonament, de rigor de criteri, de bona memòria, d'un grau elevat d'autoconsciència i de moltes altres destreses mentals per escatir com s'adequava el ventall de les ofertes a les seves preferències. Necessitaven uns circuits cerebrals ben bastits per valorar bé les manifestacions d'atractiu que publicitaven els aspirants, per gaudir de la imagineria dels relats i d'una bona conversa, per riure d'una delitosa forma de comicitat, per valorar l'amabilitat i l'honestedat o per enlluernar-se davant dels refinaments argumentatius. A més a més, necessitaven desenvolupar mecanismes mentals per desemmascarar els impostors, els mentiders i els pocavergonyes. Aquesta aptitud per comprendre els estats mentals dels altres, els seus desitjos, les seves intencions, fou el resultat del funcionament d'una veritable màgia de realimentació que acabaria per fornir aquella gent d'una fascinant teoria de la ment. De fet, el procés d'hominització havia donat per fi l'impuls definitiu a l'altre procés, el d'humanització, del qual nosaltres vivim el darrer estadi.

ELS PARANYS DE LA COMUNICACIÓ HOME-DONA

Retornem ara al fil de les evidències empíriques a l'entorn de com les dones es mouen millor pels espais de la comunicació tant verbal com no verbal, de com gaudeixen d'una percepció més precisa dels signes, com també d'una competència expressiva més gran. Unes paraules deixades anar, un lleu arronsament d'espatlles, un mínim moviment del cap, una mà que prem l'altra, el pas del pes corporal d'un peu a l'altre de manera poc harmoniosa, una llepadeta de llavis, o uns llavis apretats, un canvi en el to de la veu o un sospir poden fer pensar a una dona que un interlocutor, un invitat, un company de feina, se sent incòmode o que qualsevol cosa l'ha decebut. Probablement, a un home li resulta més difícil, en general, d'adonar-se de l'estat d'ànim d'ella o d'un interlocutor davant la presència dels mateixos signes. Ella se n'adona de seguida, de manera gairebé instantània, com si fos capaç, per exemple, de llegir les emocions de la cara al mateix temps que veu la cara. Fixem-nos ara en alguns elements que ens han d'ajudar a entendre les diferències en les habilitats comunicatives entre homes i dones i que són el resultat d'una convergència entre tendències innates manifestades, tal com hem vist, en lleugeres diferències de configuració cerebral i hàbits adoptats de manera convencional, poderosament arrelats, que les societats han elevat a la categoria de normes culturals, amb el benentès, sempre, que per a nosaltres la cultura no és més que un producte de la biologia.

El grau de varietat tonal de la dona és més ampli. Aquesta varietat en la inflexió de la veu afavoreix la bona marxa d'una conversa i, com a conseqüència, d'una relació. Pensem que quan ens comuniquem no només passem informació, sinó que també fem relació. La fem, l'enfortim, la mantenim i, de vegades, la trenquem. La varietat de tons ens fa passar els colors per les emocions i ens ajuda a veure i a sentir la veu com carregada de sentiment. La veu té un gran atractiu i pot ser ben bé un element decisiu a l'hora de triar una parella. Sempre li he sentit a dir a la meva mare que l'enamorà la veu del meu pare. Sovint, en una dona —també en un home— una veu sensual pot resultar tan poderosa que sedueix del tot en escoltar-la. Jo en dic *el miracle de la veu*. Això sí, també un to rígid, monòton, pompós o inexpressiu farà semblar petulant o, si més no, persona poc interessant, poc atractiva. Els homes sovint usem tons monòtons i avorrits i això fa que se'ns vegi com amb poques ganes d'alimentar la conversa o la relació. Jo dic que som mandrosos per a la relació a llarg termini. L'home com a màxim pot variar el volum, i no només pot, sinó que sovint sembla que hi tingui la mà trencada i pot cridar, tot ho gasta en crits, però modula poc, molt poc. Sovint sembla com si la variació del volum de la veu fos per als homes el que les inflexions tonals són en les dones.

Una de les manifestacions d'aquesta varietat en la inflexió que té molt d'atractiu la podem observar en la pujada del to cap al final d'un enunciat fins a tenyir-lo d'una mena d'interrogant seductor que tant pot indicar necessitat d'aprovació i, per tant, de confirmació de la relació, com un toquet d'inseguretat que sovint porta a intervenir l'interlocutor i també a mantenir la relació. És un pur incentivador de lligams. Pujades i baixades de to manifesten diferències en les actituds respecte de termes i persones amb les quals parlem i, en conjunt, són indicadores de com ens involucrem emotivament. No en tingueu pas cap dubte: hi ha tons que disposen a escoltar. La intimitat demana veu baixa, suau, rica i sensual. Val a dir que en aquest cas, si la disposició és bona, no cal patir massa perquè l'emoció ja la tenyirà la veu, i el cos sencer procurarà de tocar-la, per la qual cosa l'únic que haurem de fer és deixar-nos endur per les cascades de l'afecte mitjançant expressions amb tons autèntics, sense reprimir-nos, sense apaivagar la pluja d'espurnes de modalitats diferents.

Deixeu-me dir que hi podem fer molt, a l'hora d'oferir una varietat tonal que afavoreixi les nostres relacions a casa, a la feina o al lleure i, en aquest sentit, els homes podem aprendre molt de les dones. Hem de tenir més cura de la nostra veu, cosa que ens fa del tot recomanable tant l'exercici —pot ser un plaer— de cantar com el de respirar d'una forma harmoniosa amb els moviments del cos. Això ens ajudarà a crear una mena de simfonia de tons d'efectes absolutament remarcables i resultarà ser una de les millors estratègies de seducció. Ens farà més agradables i generarem actituds positives. Afavorirà, i molt, la convivència, la col·laboració i la solidaritat. A més a més de desplegar més varietat tonal, les dones, en general, també articulen de manera més precisa, més ràpida i pronuncien i articulen millor. Si tenim cura de la veu serem capaços de transmetre tots els matisos de significat que els nostres treballs exigeixen. L'hauríem de veure com un instrument d'expressió i comunicació totalment flexible i a punt en qualsevol moment. La veu és una expressió d'allò que li està passant físicament i mentalment a la persona que parla i també hem de saber que la major part de les seves falles no tenen el seu origen en els òrgans vocals. I, per damunt de tot, penseu que el secret de l'èxit en la comunicació interpersonal està en el to, sí, a saber trobar el to, a casa, a l'aula, a l'hospital, a l'oficina o en qualsevol servei. A més a més, qui troba el to en general sap escoltar, un altre dels secrets de l'èxit en comunicació i de l'èxit en la vida, ja que resulta ser un dels millors indicadors de la intel·ligència emocional i social.

Les dones usen més diminutius, més eufemismes i més identificadors, tals com *molt, súper, força, moltíssim*... També sovintegen més les formes eminentment expressives com els adjectius, sobretot d'aquells que exterioritzen una avaluació més emotiva que racional, tals com *genial, diví, fantàstic, deliciós, fascinant, preciós,* etc. Són veritables expertes en expressivitat, emotivitat i valoració emocional. Tant poden usar que és una *llumenera* o un *astre,* que és un *tresor,* una *perleta, dolça* com la *mel, encantador, màgic, meravellós,* que és un *miracle,* un *sol,* un *argent viu* o una *bellesa.* A més a més, cal dir que també fan anar a dojo mots transmissors d'una certa imprecisió com *aquí, cosa, tal*... Pel que fa a formes verbals, naturalment, també fan un ús ben sovintejat d'aquelles que impliquen la manifestació d'emocions o d'actituds com *sento, desitjo, m'a-*

gradaria, espero, penso, etc., ús que combina de manera harmoniosa amb el desplegament d'un ampli aspecte tonal per donar més força al toc tan especial de l'emoció.

En l'activitat verbal dels homes hi recomptarem, per poc que ens hi fixem, més ordres. Sembla com si des de petits, el llenguatge dels nens es caracteritzés ja per la gran quantitat d'ordres que donen tant quan juguen amb altres nens com quan ho fan amb joguines. Els homes donen més ordres i ho fan molt directament, amb la forma més directa, l'imperatiu. La dona, en canvi, no només no en fa tant d'ús, sinó que ben sovint, tal com hem vist suara, les seves afirmacions, pel to ascendent cap al final, agafen un deix de poca seguretat o d'interrogació, deix que pot arribar a contaminar els mateixos imperatius que acabarien per ser una mena d'imperatius amb sordina. Si l'home mana més directament i sense embuts, la dona ho fa de manera molt més indirecta i més subtil, i per això sovint comença amb un *potser podries, què et semblaria si,* o un *sembla que fa fred* o *quin fred que fa!* per insinuar —més que donar una ordre— que cal tancar la finestra. *No has trucat... ¿Per què no?* La dona és mestra de la indirecció, de la insinuació, de la subtilesa que demana complicitat més que jerarquia.

Les seves maneres de fer coses amb el llenguatge les veig com a facilitadors d'un altre tipus de poder, no tan dur com el dels homes, i qui sap si aquesta no serà la nova forma de poder, el poder suau, per no dir el poder tendre.

En els darrers temps, fins i tot, hi ha una ferma voluntat d'empeltar aquest tarannà en els homes i per això sovintegen característiques noves com la metrosexualitat. Les formes musculoses, cantelludes, dures i intransigents de mascle cada cop més caldrà anar-les a cercar a les engolfes de la societat. El poder suau, el poder de la tendresa i de l'empatia confereix avui una estratègia de seducció que porta el segell de la qualitat i, per tant, d'un èxit a venir. Afegim-hi, per abonar aquests pensaments, que les dones manifesten molt millor el saber fer, les bones maneres, la cortesia i posen de seguida als seus llavis expressions com *senyor* o *senyora, estimat, estimada, preciosa, maca* i pronuncien amb els llavis més plens i els ulls més oberts un nom propi en començar una conversa com donant el to per entrar en un espai de paraules i de sensacions agradables que de seguida posen a punt els mecanismes del plaer. En això hi tenen un do i n'hem d'aprendre.

En una conversa, l'home acostuma a interrompre molt més el discurs de l'altra persona que no pas la dona. No és pas gens agosarat afirmar que en una conversa entre diversos participants, barreja d'homes i dones, de cada cinc interrupcions, quatre les fan els homes. Si abans parlàvem de cortesia, una interrupció no deixa de ser una certa violació del respecte pels torns de paraula. Afegim-hi el fet que després d'una interrupció, d'un tall de discurs, la dona resta més quieta, com dolguda, i allarga les pauses de manera que sovint a l'home li arriba a semblar que ella gairebé renuncia a la comunicació. I per això no és gens infreqüent de sentir queixes masculines dirigides a la seva parella relacionades amb la suposada poca participació en la conversa. Encara més!, li demana explicacions sobre l'hipotètic mal humor o l'actitud negativa cap als seus amics. Tanmateix, l'home no haurà capit ni per un moment, no s'haurà adonat pas que la seva interrupció del discurs de la companya, de la parella, n'és la causa.

És ben cert que les dones, després de la interrupció, aparenten estar molt més afligides que els homes i manifesten la seva protesta amb el silenci. De vegades, però, formulen verbalment la seva protesta mitjançant una queixa com «sempre m'interromps» feta en to dolgut i ferm. El fet que en l'acte comunicatiu la dona prioritzi fer relació per damunt de la transmissió de la informació fa que vegi el tall en el discurs com una mostra d'una actitud negativa més que no pas com un afegit d'informació, una precisió, que al cap i a la fi qui sap si no era per a l'home l'origen del tall. Aquesta perspectiva diferent davant del fet comunicatiu explica que els homes facin sovint comentaris en el transcurs d'una conversa en lloc d'esperar, tal com acostumen a fer millor les dones, que qui té la paraula acabi de parlar. En general, les dones manifesten un respecte molt més estricte pels torns de paraula en una conversa.

Aquesta cortesia, la dona la manifesta també en el fet de no mantenir de manera tan ferma les seves pròpies opinions. Al si de la conversa és més col·laboradora que competitiva i per això moltes vegades va amb peus de plom a l'hora d'introduir nous temes, una mica com si volgués exhaurir tota la informació possible del tema tractat, si bé això ho hauríem d'entendre més aviat com una clara voluntat de participació per enriquir la conversa a fi i efecte de mantenir i enriquir la relació. Aquí també hi ha la clau del perquè les dones no només pregunten més i fan les preguntes més curtes i menys rebuscades —cosa que és ben certa—, sinó que també empren moltes expressions sonores no verbals, vocalitzacions, de pur farciment, per afavorir les respostes dels altres —i, per tant, la seva participació— tals com *ah, oh, umm, um, mm...*, que ens fan venir ganes de continuar parlant. La conversa és una forma de vida i en ella la dona hi deixa el segell de la seva filosofia de mirar sempre les relacions en la perspectiva del llarg termini i per això li preocupa més —encara que no en sigui del tot conscient— de deixar una cosa com una conversa, al final, tancada de la millor manera a fi i efecte que quan la tornem a reemprendre no haguem de pagar peatges.

De tot el que portem dit en podem deduir que les dones saben escoltar millor que els homes. ¿I de parlar? Partim de la base que tots i totes tenim un bon coneixement del codi, de l'estructura de la llengua i que és en l'ús —també estructurat— on hi hem de veure les diferències. Així, pel que fa a la quantitat, per exemple, els estudis empírics mostren que l'opinió generalitzada que les dones són més garlaires que els homes, quant a converses amb participació d'homes i dones, és una opinió un pèl esbiaixada en el sentit que les dades evidencien més aviat el contrari. Una altra cosa són les quantitats mesurades en el si de converses entre persones del mateix gènere. Siguem conseqüents amb les nostres afirmacions: en la conversa noi-noia, el fet que la noia sigui tan bona escoltadora fa creure al noi —ens fa creure als homes— que el que ell diu és d'allò més interessant i que a ella no li sap gens de greu que ell allargui i allargui el discurs, vaja!, fins a fer gairebé una petita conferència.

Sense anar més lluny, excepte en el cas en què els homes responen amb un sí o un no, indicadors de poc interès en mantenir la conversa i la relació, les respostes dels homes sempre són més llargues —tres vegades més, diuen les dades— que les de les dones, probablement pel fet de primar la informació sobre la relació. Tenim ganes d'abocar informació i de manera precisa, més que d'enfortir la relació, cosa que fa la dona en escoltar, a vegades amb una paciència de santa, informacions que no li diuen res de res, que ni li van ni li vénen. Pel que fa a la «qualitat» de la parla, no capgirem res en dir que, en general, la de la dona és més correcta en el sentit normatiu, en ser més propera —amb el desplegament de les varietats expressives que vulgueu— a la varietat estàndard de la llengua. Els nois molt joves sovint en el seu intercanvi verbal amb noies mostren un control vocal pobre, poc vocabulari, incertesa pel que fa a les convencions conversacionals, dificultat en trobar frases molt expressives per formular un pensament i, a més a més, farceixen el discurs de més col·loquialismes, més paraules malsonants, renecs... En canvi, les noies ja semblen valorar ben aviat l'expressivitat, la complexitat, la fluència i la creativitat en els intercanvis verbals.

Homes i dones mantenim també les nostres diferències en la selecció dels temes, sovint ben tòpics, a desenvolupar en les nostres converses. No cal pas una collita exhaustiva de dades per observar com les dones estan més interessades pels temes personals i que parlen de relacions interpersonals, dels pares, dels fills, dels sogres, dels amics i les amigues, parlen d'afectes i de retrets, també de l'aparença personal, de vestits, de dietes, d'accions dels altres i de moments emotius. Tampoc no hem de desplegar un gran enginy davant la dada empírica per formular quasi com a llei social que els homes gaudeixen —arriben a xalar— en parlar d'esports, de què fan a la feina, de dones, d'on han anat, de mecànica, de notícies, de les darreres tecnologies, de cotxes, motos o avions, de política i també, esclar, però molt menys que les dones, de relacions interpersonals.

Els homes acostumem a parlar més dels nostres èxits i sempre que podem deixem insinuades les nostres habilitats. És la nostra manera de publicitar les nostres qualitats en el mercat social de l'aparellament i moltes vegades ens agrada d'exhibir-los de manera semblant a la del gall dindi gran s'estarrufa per exhibir el seu plomatge amb els colors més llampants. En canvi, a fer safareig amb les enraonies hi són més afeccionades les dones. I ara més cireretes: en fer l'amor, elles prefereixen que els seus companys, o companyes, de llit els diguin que són maques, atractives i que les estimen i que les desitgen, i els fa goig de sentir la veu i la paraula acariciadora i plena de mil afectes mentre que els mascles —com no havia de ser així!— gaudim d'allò més en sentir que ho fem bé i que donem plaer, és a dir, que hi tenim una gran habilitat. Tanquem aquest punt amb un pinyolet: els homes acostumem a tenir l'acudit sempre més discriminatori i vexatori ja sigui des del punt de vista sexual, racial o social. En algun cas l'humor del mascle pot arribar a esdevenir no només molt sarcàstic, sinó també hostil i cruel, cosa que no acostuma a passar tant en el cas de l'humor de les dones, que demostren una millor competència emocional i un grau més elevat d'intel·ligència social.

Afegim-hi que homes i dones ens podem guanyar una bona reputació si usem el llenguatge, en públic, de la manera més adequada, una reputació d'agudesa, d'agilitat mental, de gran inventiva com a contadors d'històries i, no n'hem de tenir cap dubte, el nostre estatus i el nostre atractiu pugen de nivell. Parlar en públic i debatre permet als individus, homes i dones, publicitar el seu coneixement, el pensament clar, el tacte social el bon judici, l'agudesa, l'experiència, l'amabilitat, la imaginació, la coherència, la credibilitat i l'autoconfiança. Justament, totes les qualitats que avui demana la societat per navegar amb èxit pels espais de la feina i de la vida en general.

Ja ens hem explicat abans que les dones, en general, codifiquen i descodifiquen millor els missatges transportats per via estrictament no verbal. Treballs empírics plens de dades i anàlisis rigoroses mostren com elles responen —i des de més aviat— als signes no verbals, i no només responen als estímuls no verbals, sinó que els llegeixen i els processen amb més cura que no pas ho fem els homes, ja sigui el contacte d'ulls, els microgestos facials, la postura del cos, els moviments de la mà, els petits contactes físics, els vestits, els cosmètics i els objectes personals. Pensem que les dones no només són molt sensibles a aquests signes, sinó que per la seva posició dins de la societat, ben sovint, en el seu ús són sotmeses a una subtil forma de control social. Val a dir que l'àmbit no verbal de la comunicació interpersonal resulta ser un espai ideal on té lloc tot un estol de negociacions de tipus micropolític afavoridors de l'ordre social establert.

Les dones miren molt més als ulls que els homes i el seu esguard és també més llarg, sobretot quan escolten. Fins i tot miren molt més de cua d'ull, com si volguessin aprofitar qualsevol relació, i no cal ni dir que elles són capaces de mirar amb aquells ulls brillants de plaer que proven de la sinceritat de l'afecte i l'actitud i que defineixen una situació de sincronia i enteniment total. Una vegada més, i a través d'una dimensió com la mirada, ens trobem davant del fet de valorar la relació per damunt de la transmissió de la informació. A la mirada hi ha un deix d'emoció i també una voluntat i un desig d'aprovació i d'afecció, d'actitud positiva cap a l'interlocutor i cap a la vinculació. La mirada mútua és el signe ideal per exterioritzar que el canal de comunicació és obert i la relació possible. També hauríem d'assenyalar el costat jeràrquic en aquesta asimetria visual. Així, en general, en la interacció en el si d'una parella, l'home fa més despesa en temps mentre parla, tal com hem manifestat, mentre que la dona la fa en mirar els ulls de l'home, ja sigui en mirada mútua o no. És més, l'home mira més quan parla —amb una dona— que mentre escolta.

En general, qui manté la mirada mentre té la paraula té un estatus més alt. Descabdellar el fil de les mirades és apropar-se als secrets de la interacció. Negociar, ara miro jo, ara ens mirem, ara només mires tu, és teixir la veritable xarxa d'un lligam, d'un vincle. El poder de la mirada és molt gran i ben portat lliga, enforteix i enriqueix una relació. Per això també en la mirada hi pot haver els primers grinyols d'una relació. Sí, és freqüent que a partir d'un temps les dones comencin a queixar-se del fet que —diuen— els homes no les miren i en no mirar-les pensen que no els fan cas i que com a conseqüència la relació comença a anar de mal borràs. Des d'aquí suggeriria unes gotetes d'oli de mirada i els grinyols desapareixeran. De fet, som en un punt fonamental de les relacions. Hem dit que sabem que l'amor canvia amb el pas del temps i, fins i tot, que algunes substàncies químiques com l'oxitocina i la vasopressina hi hauran de fer el seu paper i és clar que són signes no verbals com el sovinteig de la mirada mútua i el tacte afectuós que en poden estimular la producció i el reg del cervell.

No és pas gens estrany que puguin sovintejar les queixes d'una dona que diu que el seu company, la seva parella, no l'escolta, no la mira prou als ulls, no li parla prou o no li fa cas. Segurament, aquell que ara s'expressa poc, en els primers temps de l'aproximació i del festeig no parava de parlar-li a la cara, parlava pels descosits i se la menjava amb els ulls. En realitat, tot eren ulls, perquè els ulls són la porta de l'univers més personal, de la intimitat, i en nosaltres totes les relacions hi han començat. Aleshores, en les primeries de la relació a ella només li calia insinuar qualsevol cosa de l'escola, la música o la feina i ell parlava durant mitja hora mentre la mirada sostenia el flux de les paraules. ¿Heu pensat quantes paraules no diria en el temps que va durar aquella situació de festeig? Milions! Sí, milions. Tota la força del cervell l'empenyia, i els ulls, i les orelles, i el nas i el cor i els pulmons i el cos sencer treballava per fer la relació. La natura és així de romàntica. Però, esclar, ara ja han pogut mantenir relacions sexuals a cor que vols, estan junts i potser viuen junts des de fa temps.

En realitat, és ben bé així. El que ella demana és més festeig, vol més demostracions que la impressionin i la facin feliç i ell no necessita parlar gaire, ni mirar als ulls per rebre estímuls, perquè s'ha tornat mandrós. Ella vol més signes d'interès, d'atenció i de compromís. Certament, som peresosos i, en general, només duem a terme el comportament social necessari per aconseguir el que volem, de manera que si un home i una dona estan en una relació sexual estable sembla com si no hi hagués cap motiu per invertir més temps i més energia a festejar com quan ho feien de manera tan apassionada. Ell i ella —sobretot, ell— només fan el festeig necessari i suficient per mantenir la parella contenta i que no se'n vagi. Cal dir que amb el temps molta de la informació que una persona podria oferir ja l'ha donat i, esclar, la part dura del parlar és tenir alguna cosa interessant a dir. La dificultat del comportament verbal efectiu no és pas el cost de moure les barres i la llengua, sinó el cost de pensar en alguna cosa expressable verbalment que impressioni la parella. Pensem que no només se'ns demana expressions verbals i no verbals, sinó expressions intel·ligents, i aquestes són difícils de produir. I serien necessaris uns estímuls tan grans com els d'aquells primers dies de la relació en què tot el cos gairebé només treballava amb aquesta finalitat. En aquelles condicions podíem explorar universos de pensament només aprofitant les infinites possibilitats que ofereix el llenguatge ben harmonitzat per la presència de tot l'estol de signes no verbals que l'estimulaven a cor que vols.

Tot amb tot, són moltes les parelles que han esbrinat la manera com les regles que governen la comunicació verbal i la no verbal ens poden fer entrar en paradisos poc explorats i quedar-s'hi durant un temps indefinit. La literatura ens ofereix un cas meravellós en la història de Scheherazade, en la qual aquesta noia no només aconsegueix d'interessar el príncep, sinó que l'enamora i cerca els recursos comunicatius necessaris per perllongar la relació barrejant creativitat, eloqüència, saviesa, intel·ligència i bellesa i teixir així una estratègia de les més exitoses. Cal dir que en aquell cas, i en molts d'altres, pagava la pena d'invertir en el manteniment del compromís a un mitjà o llarg termini amb la parella i fer una forta inversió en els seus fills —o en complaure's mútuament— i, per això, continuar usant, encara que de manera un pèl apaivagada, la fascinant ritualística del festeig que demana una veritable harmonia entre els aspectes verbals i els no verbals de la comunicació i on la mirada, la mirada mútua hi té el paper clau que ha fet sempre en el món primat, molt abans que aquest nouvingut a la comunicació que és el llenguatge es comencés a entrellucar.

Les dones no només miren més i millor als ulls, sinó que tota la seva cara desplega i harmonitza molts més signes d'emoció, de sentiment i d'actitud positiva, o negativa, en el sentit de participació en la conversa, en la trobada. Els homes controlen i filtren molt més les emocions tal com si els fes por la seva expressió. Elles també somriuen més, obren més la boca i els ulls, es refreguen més els llavis amb la llengua, aixequen més les celles i mouen més les parpelles, les barres i les galtes, cosa que barrejada amb l'espurneig de la mirada, constitueix un còctel emotiu tal que és el coixí ideal per a una comunicació exitosa que ha de dur a l'enfortiment de les relacions. No en tingueu, de dubtes: sou a tocar del tabernacle que guarda els secrets de les estratègies de seducció més exitoses.

Tothom està d'acord a hores d'ara en què les emocions són una part fonamental del comportament humà i són causa dels millors moments de la nostra vida, però també dels pitjors. El reconeixement i l'expressió de les emocions constitueixen el nucli de la competència o intel·ligència emocional i ben sovint va apareixent la pregunta de per què homes i dones reaccionem de manera tan diferent davant d'una emoció. Investigacions recents, tal com hem vist, han desenvolupat programes de visualització de l'activitat cerebral mitjançant tècniques de tomografia d'emissió de positrons o de ressonància magnètica computaritzada, per saber què passa en el nostre cervell quan copsem una emoció. L'objectiu és saber quina part del cervell actua quan homes i dones pensem en emocions, per exemple en mirar una fotografia. Els resultats mostren que les dones reconeixen amb més facilitat que els homes les emocions. Una dona sembla capaç de reconèixer l'emoció en un rostre com aquell qui diu abans d'adonar-se que realment es tracta d'un rostre i no d'una altra cosa.

L'home, primer ha d'estar segur que el que està observant és una cara, abans de determinar l'emoció que expressa. Ara bé, el descobriment més espectacular d'aquest seguit d'estudis va en el sentit que les dones necessiten molta menys energia cerebral per pensar en les emocions, les tenen més pel cap dels dits. Les zones del cervell emprades per les dones són més reduïdes, els homes necessiten una superfície molt més gran per processar les mateixes informacions. Podem comprovar que en el cas dels homes hi ha una activitat més gran a la part del darrere del cervell, la zona que serveix per analitzar les informacions sensorials que procedeixen de la visió de la cara. Els homes també mostren major activitat en el cervell emocional, els cal observar un rostre al detall per poder llegir i comprendre l'emoció que expressa la imatge. Les zones cerebrals emprades per les dones estan molt més concentrades, és com si la seva maquinària estigués molt més ben lubricada, com si tinguessin una habilitat més gran per escollir les zones del cervell necessàries per al tractament de la informació procedent de la cara. Ras i curt, les dones saben llegir i interpretar millor les cares i també les emocions.

Pel que fa a la producció d'expressions emocionals, el fet que el cervell de l'home no estigui tan ben connectat entre els dos hemisferis l'obliga a especialitzar-se un pèl més. Per expressar emocions necessita dels dos hemisferis cerebrals, ja que les emocions es coven en el sistema límbic i s'elaboren a la part dreta del cervell mentre que el llenguatge està instal·lat a l'esquerra. El fet que la comunicació interhemisfèrica no sigui tan bona en l'home fa que aquest es vegi obligat a usar una superfície més extensa per interpretar les emocions. I per això a un home, en general, li resulta biològicament més difícil d'expressar emocions, mentre que les dones estan millor equipades per traduir sentiments i expressar-los. La diferència de connexions, tal com hem dit, explica també la diferent disposició en què homes i dones es plantegen el fet de gestionar la realització d'unes quantes tasques alhora.

Elles poden gestionar bé la realització simultània de les tasques mentre que ells es veuen més abocats a acabar una cosa abans de començar-ne una altra. Aquestes diferències morfològiques probablement han estat condicionades per processos d'adaptació. Les dones han hagut de fer moltes coses a la vegada, i algunes de gran complexitat. Havien de col·laborar en el treball, duien el pes de la recol·lecció, i la majoria eren mares i havien d'ocupar-se d'una família, de portar la llar i de gestionar les necessitats globals, i això equival a administrar una petita empresa. La majoria de dones són cuidadores i dones de negocis per naturalesa. Estan especialment preparades per a la gestió del coneixement i per a la gestió de les emocions. Deixeu-me dir que, en realitat, esteu cobrant avui el pla de pensions que us varen posar les vostres àvies. I per això no és estrany que ens girem cap al tercer mil·lenni amb ulls més aviat femenins.

En general, els homes semblen assumir una postura més relaxada que les dones. Aquestes tendeixen a col·locar el seu cos dirigit de cara a la persona interlocutora. Realitzen moltes més capcinadetes d'aprovació mentre que els homes movem més els braços i separem més els colzes del cos, com si no tinguéssim por de res. La dona sempre interactua amb una certa dosi de tensió en el seu cos, no el llença tant, les seves carns també estan més quietes i més tancades. Elles empren un espai més reduït i en aquest espai són molt més susceptibles a la possibilitat de vulneració, cosa que sovint fa que agafin la bossa, carpeta o diari i amb les mans se la col·loquin davant del pit a manera d'escut. Això ho veiem sempre al metro, a l'ascensor o en mig de multituds on es fàcil que una altra persona envaeixi el seu espai personal. En aquestes situacions, els homes van força més relaxats. Tornem a la interacció: la dona gesticula d'una manera més suau i fàcil, és de tacte acariciador i aporta més *feed-back* a la comunicació en ser també molt més sensible als signes de l'altre, especialment a l'expressió de les emocions. Tal com hem anat repetint, sembla com si ella s'hi jugués molt més en la relació i això la fa especialment hàbil i preparada per tasques de cuidar, de coordinar, de promoure relacions i, en definitiva, de promoure la vida.

Hem enumerat una colla de trets comunicatius, verbals i no verbals, configuradors de la base de les diferències entre la manera de comunicar dels homes i la de les dones i que, coneguts, poden contribuir per una banda a millorar les relacions i, per una altra, a millorar les habilitats comunicatives de tots i de totes a fi i efecte de viure amb més qualitat en un món on la dimensió comunicativa —si és que no ho era— passa a ser decisiva en tots els sentits. Ja ens hem adonat que certs malentesos de la vida quotidiana no tenen tant a veure amb coses personals com amb fases d'estratègies diferents de les quals en són poc conscients, diferències, però, capaces d'esdevenir un autèntic perill. Malgrat que vivim en una societat cada cop més igualitària, homes i dones, diem, pressuposem, expressem i entenem les coses de manera força diferent. Per això mai no hem de caure a pensar que l'«altre» comunica d'una manera «il·lògica» o, pitjor encara, mai no et pensis que tu deus estar boig o boja o que, si més no, no saps com renoi sortir-te'n de comunicar bé. Ni més ni menys: homes i dones emprem estratègies comunicatives força diferents i per entendre'ns bé cal ser-ne conscients. Si ho aconseguim, podem esperar de tocar la felicitat amb els dits de tots els sentits.

Hem parlat diverses vegades de com les dones se senten més implicades en la relació a fi d'enfortir-la i mantenir-la com si sempre pensessin a més llarg termini, mentre que els homes se'ls veu més implicats en la informació aportada i en aquest sentit el seu estil general els du a concentrar-se més aviat en el curt termini i per això sovint s'entesten a interrompre o a fer afegits informatius totalment innecessaris per circular per aquests fets socials tan fascinants que anomenem *converses* i que, al cap i a la fi, constitueixen el nucli de la vida social a casa, a la feina o al lleure. Aquesta actitud davant de la relació permet d'entendre per què a tants d'homes els dolen moltes de les preguntes que els fan les dones. Ho hem d'entendre: per a elles preguntar es apropar-se, és una manera ben tendra de dir que està interessada per tu, ella cerca enfortir lligams i una manera delicada de fer-ho és implicar-te més en la conversa, és a dir, en la relació. Per això, també, en general les preguntes són més curtes i molt fàcils, des del punt de vista informatiu, de contestar. Desitja, però, que quan responguis t'hi impliquis i deixis anar un somriure i una mirada de complicitat, d'afecte. Per a l'home una pregunta és com una part d'un interrogatori, és esbrinar una informació i quan li fan té la sensació de veure la seva credibilitat afectada, com si l'altre pensés que li amaga informació. Per això també les seves preguntes són sempre més llargues i rebuscades i dones i homes se senten millor entrevistats per dones. Les preguntes dels locutors acostumen a ser tres vegades més llargues que les de les locutores. Hem pogut sentir preguntes que gairebé inclouen una miniconferència.

La dona vol sentir-se unida amb qui parla i per això també vol mantenir un cert equilibri en la conversa, donant joc i parlant de problemes, frustracions, èxits i preocupacions, de manera que fins i tot arriba a pensar que el seu estatus depèn del seu «èxit» en l'establiment d'aquestes connexions. Als homes, en canvi, en parlar més en un marc centrat en l'aportació informativa, no se'ns identifica gaire com a persones connectades, enganxades, quan parlem, sinó més aviat com a competidors. No exagerem gens si diem que les vides dels homes estan més controlades per l'èxit personal en termes de feina, esports o escola. Quantes dones no es pregunten a l'hora de participar en una nova situació comunicativa: «¿els cauré bé?». L'home, en el fons, sense voler-ho explicitar, en el llindar de la consciència, pregunta: «¿em respecteu?».

Estem arribant al moll de l'os. A l'acte comunicatiu, homes i dones hi participem amb motivacions i litúrgies diferents. Els homes —exagerant un pèl— intentem assegurar-nos l'èxit personal donant informació, mentre que les dones volen interpretar la informació com una oportunitat d'identificació amb el parlant a fi i efecte d'estrènyer lligams. La situació té una certa asimetria, ja que un més aviat juga a parlar i l'altra a escoltar. Estaria bé si intercanviéssim papers o bé si homes i dones conneguéssim les «regles del joc». Sí, tu, noia, n'estàs tipa de veure noiets o homes que et parlen amb autoritat i convicció sobre un tema mentre tu els mires i només dius mots de connexió, i fas petites capcinades com d'aprovació i fins i tot fas ulls riallers i realitzes amb una gràcia encantadora petits gestos que has après de la teva mare o d'altres dones, mentre ell encara parla i parla i parla. Tots dos feu el vostre paper, ell com a gallet competidor per la conversa i tu com a cercadora de connexió personal. Potser et sembla que les coses van bé però no, ja ho veus..., i si no ja ho veuràs més endavant. Ell tampoc no en sabrà el perquè..., si l'escoltaves tan embadalida! El pitjor que et pot passar és que et pensis que les dones sou tontes, que escolteu sense dir res d'interessant, que esteu sempre d'acord, que no preneu decisions i que apreneu dels homes. I ara et confesso que ho encertaràs quan diguis allò que de tant en tant us agrada de repetir: «són uns babaus, mai no se n'assabenten».

Per tancar aquestes reflexions, us explicaré una petita història, sobre un fet trivial —els vertaderament importants—, que em contà una alumna meva. Un dia, aquesta noia, la Marta, mentre parlava amb el seu pare, es mirava en un mirall la seva cara una mica cremada del sol i en tenir els ulls petitons, vius i molt riallers, l'acte de riure la va fer adonar d'unes petites arrugues al costat dels ulls i que potser se li notaven massa als seus preciosos vint anys. Li atansà la cara al seu pare i li va dir «mira, ja tinc arrugues», simulant estar amoïnada. Ell, així sense més, li contestà «no et preocupis, quan siguis més gran ja existirà una màquina que te les traurà o una operació per arreglar-te-les sense fer-te gens de mal». Ella mostrà signes de no rebre bé la resposta i se'n va anar cap a la seva habitació. Poc després li va comentar el mateix a la seva mare i vet aquí com fou la resposta: «Mira les meves, ¿què dius de la teva cara tan maca?». I les dues esclataren a riure de la poca sensibilitat del tanoca del seu pare. Ella, la Marta, en realitat només volia un consol i un apropament, davant la seva petita queixa. En canvi, la resposta del pare era una reacció per ajudar a resoldre un suposat problema. A fi d'asserenar la seva filla li oferí una solució més o menys adequada, mentre que la Marta només desitjava sentir que la volia igual amb un munt d'arrugues i que era una bajanada el seu capteniment.

NOUS VALORS EMERGENTS PER AL TERCER MIL·LENNI

Tal com hem vist a la darreria d'aquest relat, les dones han arribat a configurar unes competències mentals extraordinàries, teixides a poc a poc en el llarg i fascinant camí de l'evolució: habilitats verbals, amplitud de vocabulari, riquesa i complexitat gramaticals, varietat tonal i precisió articulatòria, capacitat per integrar tota una munió de signes no verbals com gestos, postures i expressions facials, intel·ligència emocional i empatia. Frueixen de les excel·lències del sentit del tacte, de l'olfacte i de l'oïda que les predisposa per gestionar meravellosament l'activitat social relacionada amb la proximitat, on fàcilment poden aplicar una altra de les seves destreses, la de realitzar diferents tasques alhora, la de moure's per totes les dimensions d'un espai d'activitat. Tenen paciència, coneixen la lògica de l'austeritat i deleixen per fer plans a llarg termini, gaudeixen del talent per crear xarxes de contacte, per establir compromisos, per negociar. Tenen un fort impuls maternal, per a l'afiliació, ganes de promoure la vida i preferències per cooperar i arribar a consensos.

També els homes tenen moltes qualitats i molt especials entre les quals una meravellosa comprensió de les relacions espacials que aprofita al màxim la seva competència en el sentit de la vista, el talent per resoldre problemes mecànics complicats, la capacitat per concentrar-se i centrar la seva atenció en un objectiu i, fins i tot, l'habilitat per controlar les seves emocions. Totes elles, i d'altres, formen part de l'arquitectura del cervell masculí des de desenes i centenars de milers d'anys. En controlar les emocions han pogut controlar la por fins a poder gestionar molt bé les seves activitats en situacions de risc i de perill i així ajudar la seva família i la seva comunitat a sobreviure. La seva capacitat de concentració i d'atenció continuada ha permès desenvolupar les tecnologies de la pedra, del metall i de les eines complexes, i les seves aptituds per a l'anàlisi ens han obert els meravellosos espais de la ciència que han tingut aplicació en camps que van del món militar i de la defensa i la destrucció al món de la medicina que té com a objectiu tant aturar la mort com promoure la vida.

Des de les primeries de la humanització, el comportament masculí s'ha manifestat en la cacera, la guerra, la competició, la conquesta o la defensa dels territoris i de la comunitat. El comportament de la dona, en canvi, ho ha fet en el condicionament de la llar i la seva gestió i en la transmissió de la informació, de la vida i dels coneixements. Avui, la degradació sistemàtica dels nostres entorns ecològics, l'increment de la marginació social, més pobres, més malalts i més persones molt grans, les urgències dels dèficits educatius, han fet emergir el paper dels valors femenins a l'hora de plantejar els grans reptes de les noves societats del coneixement. L'impuls d'aquests valors no només pertoca i afecta el món femení o feminista on l'accés de dones a llocs de responsabilitat en el món de la indústria, la política o la gestió reequilibri els nous espais de poder, sinó més aviat a una nova manera de veure el món i d'actuar sobre els entorns socioecològics, fonamentada sobre la cooperació, la solidaritat, la convivència i el consens, més que sobre l'agressivitat i la competició. Naturalment, aquesta visió ja la comparteixen un nombre cada cop més considerable d'homes que han arribat a formular com a problemes morals els de la degradació sistemàtica de la naturalesa, la marginació social o el dèficit educatiu.

Els homes han teixit els vestits de la seva dominació amb els fils de la força, la raó i el poder, mentre que les dones han treballat més amb els de la seducció, la intuïció, la persuasió i la influència. La lògica implacable dels uns contrasta amb els sentiments, la sensibilitat i la sostenibilitat de les altres, si bé és ben cert que els comportaments no són mai del tot o res, sinó que més aviat es mouen en una gradualitat amb diferències, de vegades, molt subtils. Tanmateix, les grans característiques dels comportaments subsisteixen i es verifiquen en les accions. Els valors masculins van ser els privilegiats en els espais tècnics de la competència i la conquesta típics de les societats industrials en creixement. En canvi, la transició cap a la societat del coneixement encimbella els nous valors de la sostenibilitat ecològica, cultural, social i personal de la comunicació, de la polivalència, de la transversalitat, del compromís, de la fidelitat, de les relacions a llarg termini i de la xarxa i, per tant, condueix a redescobrir i a privilegiar els valors femenins.

La influència creixent, a escala mundial, del paper de les dones en els grans reptes del món del demà, la seva implicació ben directa en els àmbits del medi ambient, de l'educació o de la salut n'és la prova més fefaent. Dels moviments ecologistes a les agrupacions de consumidors, de les associacions de pares i mares d'alumnes o l'assistència a persones grans, dels moviments pacifistes a les comissions de bioètica, l'acció de les dones obre vies molt interessants, sovint inèdites, cap a models alternatius més equilibrats d'organització social. Solidaritat, complementarietat, paciència, respecte per la diversitat, acció en xarxa, reconfiguració del llarg termini, austeritat, desplegament de les noves forces de la delicadesa, de les carícies i de la tendresa, harmonització dels cervells límbic i cortical, de l'emoció i de la raó, representen comportaments o modes d'acció que avui considerem emergents i que tradicionalment s'han assignat a les dones.

Com a comiat deixeu-me manifestar la meva creença en què un món empeltat d'aquests valors farà progressar la vida humana cap a la solidaritat, la justícia, l'equilibri i la pau. Entre tots i totes, mitjançant una autèntica complementarietat, ajudarem a preservar els vells i bells camins del futur del nostre planeta, de manera que el futur de la memòria guardi el record dels nostres esforços. Ara bé, si he de ser sincer us diré que aquests esforços no caldrà pas que siguin gegantins. Són assumibles i la major part del camí ja està feta. Crec que som en una cruïlla no pas gaire diferent d'aquella que va possibilitar l'esclat i el desplegament posterior de l'art, el sentit de l'humor, el contar històries o el mateix llenguatge, que s'anirien imposant pel fet que les dones van posar aquestes formes tan especials de creativitat entre les seves preferències.

Avui, a les primeries del tercer mil·lenni, els valors femenins comencen a ser emergents i no ha de semblar pas gens estrany que les dones els considerin prioritaris a l'hora de triar parella i comencin —si és que no ho han fet ja, tal com em diu la meva filla Laia— a desenvolupar un gust sexual per la sostenibilitat en totes les seves variants, un gust sexual per l'univers de valors que elles mateixes han covat al llarg de desenes de milers d'anys. I així veurem com en la llista d'indicadors d'excel·lència dels homes hi ha un lloc privilegiat per al reguitzell de valors que la tradició havia assignat més a les dones que als homes. Nosaltres, com a mamífers, com a primats i com a homínids som éssers que necessitem lligams, ens cal proximitat, tactes i contactes, necessitem mirar-nos als ulls i necessitem tocar la veu amb els dits de la tendresa. Tenim passió per les cares i tenim els recursos necessaris i suficients per generar espais de felicitat d'una naturalesa tal com la humanitat gairebé ni ha tastat encara. Entre les regles que governaran aquests espais hi haurà aquelles que van permetre desplegar els espais de la vida, les regles de la comunicació, verbals i no verbals, generadores de les estratègies comunicatives més exitoses, les de la seducció. Els nous valors emergents, els nous atractius canviaran la fesomia de les relacions persona-persona i persona-natura i impregnaran la vida a les cases, a les empreses, a les aules i als hospitals. No en tinc cap dubte. I és ben curiós que aquests nous recursos humans de natura antientròpica els haguem retrobat en el nostre propi cor i que els caòtics processos deterministes els ajudessin a emergir. Ara, cal que l'instint de seducció acabi per escampar-los per tot el nostre planeta.